GUIARAMA **COMPACT**

AF277705

Fuerteventura

por **Xavier Martínez i Edo**

ANAYA
TOURING

Autor: **Xavier Martínez i Edo**
Responsable de proyecto: **Esther García González**
Edición y actualización de la presente edición: **Isabel Jiménez**
Equipo técnico: **David Lozano** y **Susana Folgado**
Producción: **J. J. Rodríguez, O. Hernando** y **A. Mellado**
Cartografía: **ANAYA Touring**
Diseño tipográfico y de cubierta: *marivíes*

Fotografías: **Dreamstime**: Absente: 10; Dziewul: 80-81; **Eyewave**: 82; **Inavanhateren**: 52, 53, 61; **Kelly, Denis**: 52; **Kulikova, Tamara**: 73; **Lunamarina**: 42, 49, 70, 90; **Tognon, Simone**: 17; **Zdenek Matyáš**: 68 a. **Istockphoto**: Costi, Marco: 2; **DaLiu**: 24-25, 27 b, 40-41; **Günther, Frank**: 6-7; **imv**: 62 a; **kasto80**: 30 a; **oliwiaziolkowska**: 96; **pawopa3336**: 92; **pkazmierczak**: 39 a, 74-75; **Ramsauer, Thomas**: cabecera 10 indispensables; **Rota, Mauro**: 29; **rusm**: 60; **tamara_kulikova**: 85; **tognon, simone**: 30 b, 31, 32 b; **We-Ge**: 71, 97. **Shutterstock**: Alexandre.ROSA: 43, 58; **Aznar, Salvador**: 91; **Balate Dorin**: 78; **Begcr**: 21 c; **Belen Ochoa Fotografía**: cabecera Dónde; **Bildagentur Zoonar GmbH**: cabecera Visita; **Bovo, Alessandro**: 88; **Calconi, Leonardo**: 86-87; **DaLiu**: 11, 55; **Dave0**: 34-35, 37, 39 b; **eugen_z**: 16; **Gonzalez Ftva, Carlos**: 21 b; **Hoffmann, Oliver**: 79; **Huebl, Nido**: 12-13; **Ilycsin**: 32 a; **imageBROKER. com**: 69, 74; **IndustryAndTravel**: 63; **Juergen_Wallstabe**: 18-19; **KajzrPhotography**: 62 b; **Kazmierczak, Pawel**: 8-9, 27 a, 65; **Kreuser, Nuria**: 14-15; **Krzyzak, Marcin**: 66-67; **Kulikova, Tamara**: 21 a; **lunamarina**: 56; **Mareen, Mike**: 84; **Mironov Vladimir**: 89; **Ninafotoart**: 106; **safi130**: 58-59; **Schmidt, Nataliya**: 101 b; **Schneider, Robert**: 27 c; **Scotland's scenery**: 100; **Steidi**: 44-45; **stylefoto24**: 101 a; **trabantos**: 68 b; **Traveller70**: 76; **wjarek**: 22-23.

4ª edición: febrero 2025

© Grupo Anaya, S. A., 2025
  Valentín Beato, 21. 28037 Madrid

Depósito legal: M-24929-2024
ISBN: 978-84-9158-864-1
Impreso en España-Printed in Spain

La información contenida en esta guía ha sido comprobada antes de su publicación. Pero dado el carácter variable de algunos datos, como horarios de visita o precios, los editores declinan toda responsabilidad por las molestias que pudieran ocasionar a los usuarios de la guía y agradecen de antemano las sugerencias y aportaciones que ayuden a mejorarla.
En **guiasdeviajeanaya.es,** la página web de Anaya Touring, se puede consultar nuestro catálogo de publicaciones.

Contenido

Un recorrido por el **centro** de la isla

En radical contraste con los grandes centros turísticos de sol y playa, las poblaciones del centro de la isla conservan su cuádrue más genuino, con atractivas muestras de arquitectura tradicional canaria. Así, un recorrido por la zona permite conocer algunas de las más atractivas localidades de Fuerteventura, pero también sumergirse en la particular naturaleza de las zonas. El paisaje en árido, con escasa vegetación, y adelera de las espectaculares formaciones volcánicas con que cuentan las zonas más del archipiélago, pero ofrece sorprendas contrastes, aspectos insospechados que otorgan a esta isla una fuerte personalidad.

Cómo usar esta guía

Antes del viaje

Se sugiere la lectura de las secciones **Diez indispensables** (de la página 7 a la 35), e **Historia de la isla** (de la página 36 a la 39), con artículos sobre la historia, el arte, la naturaleza y las gentes de Fuerteventura escritos por el autor Xavier Martínez i Edo. Para quienes opinan que la **gastronomía** es uno de los atractivos del viaje, la sección del mismo nombre (de la página 88 a la 92) ofrece una visión bastante completa de aquellas especialidades majoreras que pueden despertar la curiosidad del viajero.

Durante el viaje

En el apartado titulado **Visita a la isla de Fuerteventura** (de la página 41 a la 85) se describe la isla a través de tres excusiones: **Desde la capital a la península de Jandía** (pág. 42-59), **Un recorrido por el centro de la isla** (pág. 60-72) y **El norte de Fuerteventura** (pág. 73-85), que son otras tantas alternativas para visitar aquellas zonas que tienen un singular valor histórico, paisajístico o monumental. Puede encontrar un **mapa de la isla** en las páginas 50-51, que le será de gran ayuda para planificar sus desplazamientos. El **plano** de **Puerto de Rosario** que aparece en las páginas 46-47 puede serle de utilidad para hacer una visita a la pequeña capital insular.

La hora de comer (y cenar)

Dentro del capítulo titulado **Dónde** se incluye una amplia selección de **restaurantes** ordenados por localidades, calidades y precios. En esta misma sección se facilita también información sobre un buen número de recursos turísticos y actividades con las que ocupar el tiempo libre, que van desde las fiestas de las principales localidades, a otras como alojamientos, deportes, compras...

Use los índices

Finalmente se ha elaborado un **índice de lugares** de interés que permite localizar con facilidad las páginas en las que hay alguna información de utilidad sobre los mismos.

Planificación del viaje

En función del tiempo del que se disponga, puede conseguirse el máximo provecho a la estancia siguiendo las sugerencias siguientes:

Una semana
Son imprescindibles la visita a la península de Jandía, en el sur, y al Parque Natural de las Dunas de Corralejo, en el extremo norte. Comience por una de ellas, aunque en una semana puede tener tiempo para visitar toda la isla.

Para comer, siga los consejos de las secciones **Gastronomía** y **Restaurantes**.

Para cualquier otra actividad en la que ocupar sus momentos libres puede consultar el apartado **Dónde...,** en el que se incluye información de carácter general sobre fiestas, deportes, compras, alojamientos, transportes...

Fin de semana...
Seleccione **una o varias excursiones,** entre las que se proponen, a algún punto de la isla. Para comer o cenar se recomienda consultar la lista de restaurantes seleccionados que aparece entre las páginas 93 y 96.

Clasificación por estrellas

La mayoría de los lugares descritos en el libro se han clasificado por su grado de interés como sigue:

✶✶   Visita obligada
✶   Interesante

SÍMBOLOS UTILIZADOS

A lo largo de la guía se han utilizado símbolos sencillos y claros para indicar las siguientes categorías:

- 🛈 información práctica
- Ⓞ referencia a los planos
- ✉ dirección o localización
- ☎ número de teléfono
- 🌐 página web
- Ⓞ horario
- 🗐 precio

SIGNOS CONVENCIONALES EN EL PLANO

- ▢ Edificios de interés turístico
- ▢ Vías rápidas
- ▢ Parques y jardines
- ▨ Calles peatonales
- 🛈 Información turística
- 🅿 Aparcamientos

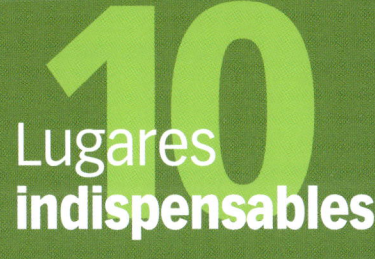

10
Lugares
indispensables

Betancuria

1

En una isla donde la arquitectura popular destaca sobre el escaso patrimonio monumental, la pequeña localidad de Betancuria aún conserva un núcleo arquitectónico de cierto empaque, fruto de su condición de capital insular durante largo tiempo. Se visita en un breve paseo, suficiente para sumergirse en la Fuerteventura de los primeros siglos de la colonización castellana.

Betancuria fue fundada hacia el año 1404, en pleno proceso de conquista de la isla por la expedición normanda capitaneada por Gadifer de la Salle y Jean de Bethencourt, de quien toma nombre la localidad. Junto con la desaparecida población de Rubicón, en el sur de Lanzarote, fueron las dos primeras ciudades fundadas por los europeos en Canarias, y también las dos primeras sedes obispales. Betancuria nació, pues, con un papel asignado que la colocó para siempre en un lugar destacado de la historia, no solo de Fuerteventura, sino de todo el archipiélago canario.

Su emplazamiento en un valle interior, alejado de la costa y en un paraje agreste, responde a razones militares, de defensa ante el peligro de las incursiones de la piratería norteafricana. Aunque esta precavida ubicación no le sirvió de mucho cuando las hordas berberiscas invadieron la isla en 1593 y quemaron, destruyeron y desvalijaron la población. De hecho, nada queda hoy de las primeras edificaciones que se levantaron en Betancuria: una torre defensiva y una pequeña ermita. También la iglesia de Santa María fue arrasada y tuvo que ser reconstruida en el siglo XVII. Y todo el núcleo antiguo de estampa colonial que hoy luce Betancuria, con callejuelas empedradas y casas encaladas, está levantado con posterioridad a aquella razia berberisca. Incluso el convento franciscano de San Buenaventura, fundado en 1416, tuvo que ser reconstruido dos siglos después.

Durante varios siglos Betancuria concentró todo el poder insular. Allí se instalaron las principales autoridades civiles, religiosas y militares, y todas las instituciones y órganos de gobierno. La iglesia de Santa María se levantó hacia el año 1410 y fue la única parroquia de toda la isla hasta el siglo XVIII.

Info

Oficina de Turismo de Betancuria
✉ Juan de Bethencourt, 6. Ayuntamiento.
☎ 928 878 092.
🏠 https://visitbetancuria.com

▼ Vista de Betancuria.

Además, en 1424 una bula del papa Martín V creó la diócesis de Fuerteventura, con sede en Betancuria y cuya jurisdicción abarcaba todas las islas Canarias excepto Lanzarote, que contaba con el ya citado obispado de Rubicón. Los colonos europeos convivían con la población aborigen que sobrevivió al proceso de conquista, y la próspera economía de la localidad se basaba en las actividades agrícolas, la recolección de orchilla y el comercio.

Esta preponderancia absoluta como centro rector de la isla comenzó a resquebrajarse a partir del siglo XVIII, cuando el gobierno militar se desplazó a La Oliva y, fruto del crecimiento de otras localidades, fueron creándose en Fuerteventura nuevas parroquias independientes.

El cambio definitivo aconteció en 1834, cuando la sede del Cabildo, principal órgano de gobierno insular, pasó a emplazarse primero, y brevemente, en Antigua, y luego en Puerto de Cabras (la actual Puerto del Rosario). Betancuria perdió así su condición de capitalidad.

Hoy sorprende al viajero que una población con tan relevante historia no sea más que un pequeño núcleo de atmósfera rural, pero al callejear entre su breve casco histórico se conecta enseguida con el pasado señorial al que remiten sus piedras.

▼ El núcleo antiguo de Betancuria luce una bella estampa colonial. Plaza central con la iglesia de Santa María.

La península de Jandía

"Comprende una extensión que no bajará de treinta y cinco kilómetros de largo, desde la Pared hasta la punta del Faro, y de ancho podrá tener por el centro cosa de diez kilómetros, disminuyendo hacia uno y otro extremo, pero mucho más hacia la Punta que no hacia la Pared. El terreno es en gran parte fragoso y escarpado, lleno de valles y de lomas por la parte del Sotavento".

JUSTO VILLALBA,
Descripción de la Dehesa de Jandía, 1868.

2

Esta descripción de longitudes y orografía corresponde al singular apéndice suroccidental de Fuerteventura: la península de Jandía, que está unida al resto de la isla por el istmo de la Pared y se extiende hacia el oeste hasta la punta de Jandía. Abarca un territorio inhóspito, árido, incómodo. A pesar de ello, y de su secular despoblamiento, allí crecieron rápidamente dos de los mayores centros turísticos de la isla: Costa Calma y Morro Jable, dos concentraciones de hormigón cuyo atractivo radica,

▼ Faro de Jandía.

▲ Playa de Jandía.

indudablemente, en las famosas playas de la costa sur de Jandía. Esto es lo que vienen a buscar aquí turistas procedentes de medio mundo: mar, sol, unas playas excepcionales y unos modernos servicios turísticos. Las playas de Jandía son interminables alfombras de fina arena dorada, un verdadero paraíso para los bañistas; pero la costa es también reconocida internacionalmente por sus excelentes condiciones para la práctica de deportes relacionados con el mar y el viento (surf, windsurf, kitesurf).

Con esas dos excepciones de Costa Calma y Morro Jable, en el resto de la península apenas hay algunos minúsculos caseríos de pescadores. Es en su mayor parte un paraíso natural inalterado, sin huellas de humanización, de enorme personalidad, que en 1987 fue declarado Parque Natural.

El Parque tiene dos zonas de paisajes muy distintos: al noreste, junto al istmo, se extiende la zona de El Jable, un enorme y llano arenal, mientras que el resto se estructura a partir de una cadena montañosa central cuya cota más elevada, el pico de La Zarza (807 m), es la máxima altura de la isla. Esta cuerda montañosa, cuyo origen volcánico se remonta a 16 millones de años, muestra un aspecto muy erosionado, de cumbres redondeadas, con numerosos barrancos que descienden tranquilamente

hacia el sur, mientras que la vertiente norte presenta pendientes mucho más acentuadas. La vegetación es muy escasa, fundamentalmente herbácea y de matorral bajo, con un predominio de los cardones en las zonas bajas cuyo color verde crea un vistoso contraste con los tonos marrones de los materiales volcánicos.

En El Jable, que conforma un amplio paraje llano o suavemente ondulado, con predominio de colores claros debido a la arena, la vegetación es aún más escasa.

Una única carretera –hoy una moderna autovía– se adentra en Jandía y lleva a los centros turísticos de Costa Calma y Morro Jable. Para moverse por el resto del territorio hay que conformarse con pistas forestales o senderos. Pero merece la pena llegar hasta el faro de Jandía, en el extremo occidental de la península, o atravesar la barrera montañosa central para conocer las playas del norte. A pesar de la aridez y la aspereza del conjunto, el paisaje tiene un innegable encanto, quizás precisamente por la mínima aportación humana, que se reduce a unos minúsculos caseríos. Recorrer todos estos caminos requiere paciencia y bastantes horas, pero la visita a Fuerteventura sería incompleta sin acercarse a conocer este singular rincón de la isla.

Info

Oficina de Turismo de Pájara. Morro Jable

✉ Avda. El Saladar
(Centro Comercial Cosmo).
Local 81 B.
☎ 928 540 776.
🔗 https://visitjandia.es

Las dunas de Corralejo

3

En la más árida y seca de las islas Canarias no podía faltar un paraje de carácter plenamente desértico, sahariano. Es lo que ofrece el Parque Natural de las Dunas de Corralejo, un extensión de suaves dunas móviles, de fina arena blanca, bañadas por el océano Atlántico y que conforman un paisaje onírico, bellísimo, a la vez que son hábitat de una peculiar flora y fauna.

En el extremo nororiental de Fuerteventura, al sur de la localidad de Corralejo, se extiende en paralelo a la costa y a lo largo de ocho kilómetros este singular espacio natural. Aquí la fina arena del litoral se introduce por efecto del viento hasta tres kilómetros hacia el interior. El resultado son 2.600 hectáreas de desierto, solitario, cálido y exótico, una auténtica rareza entre los paisajes españoles.

Los vientos alisios han arrastrado desde el mar enormes cantidades de arena blanca, y el viento es también responsable de que muchas de las dunas

▼ Parque Natural de las Dunas de Corralejo.

se hallen en constante movimiento y el paisaje en constante transformación. Incluso la carretera FV1, que atraviesa el parque en paralelo a la costa, queda con frecuencia invadida por la arena.

El parque natural incluye, además del campo de dunas, un breve sector de malpaís y el cono volcánico de la Montaña Roja. Un sendero parte desde las últimas edificaciones del sur de Corralejo y lleva por el interior del parque hasta la base de la Montaña Roja, en el extremo meridional de la zona protegida; el camino atraviesa el mar de dunas y el malpaís, de forma que permite recorrer todo el espacio protegido y conocer los tres paisajes fundamentales que lo conforman. En ocasiones el sendero se pierde bajo la arena, pero manteniendo las lavas rojizas de la montaña como hito visual no hay peligro de perderse.

De todas formas, quizás lo más espectacular de todo este conjunto natural sea la costa, una sucesión de playas y roquedos absolutamente vírgenes, un lugar que debe recorrerse y disfrutarse inexcusablemente cuando se visita la isla. A pesar de las atrocidades urbanísticas cometidas en la década de 1970, con la construcción de dos

Info

Oficina de Turismo de Corralejo

✉ Avda. Marítima, 16. Corralejo.

☎ 928 866 235.

🌐 https://visitcorralejo.com

▲ Parque Natural de las Dunas de Corralejo; al fondo, la Montaña Roja.

enormes hoteles sobre las mismas arenas, el paisaje litoral que ha logrado protegerse es de una belleza impactante, tan solo moteado por algunos bañistas disfrutando de la arena blanca y las aguas turquesas. Son también aguas muy apreciadas por los amantes del submarinismo y, sobre todo, para el windsurf, pues la situación geográfica del lugar ofrece muchos momentos de fuerte viento que colman las expectativas de los aficionados a este deporte.

La vegetación de la zona es escasísima, pero de gran importancia botánica por su exclusividad, dado que hay diversas especies autóctonas y otras muy poco frecuentes. Son plantas adaptadas a las dunas fijas, a las dunas móviles y a los roquedos, que soportan condiciones muy duras de escasez de agua, de elevada salinidad de la atmósfera y de fuertes vientos. Se trata de junquillos, melosas, espinos de mar y poco más.

Y en cuanto a la vida animal, destaca la presencia de aves como la hubara canaria, el corredor sahariano, el alcaraván, la bisbita caminera, el cernícalo, la terrera marismeña o la tarabilla canaria, entre otras. O también especies más relacionadas con el mar, como el correlimos, el andarrío chico, el vuelvepiedras, la gaviota y el zarapito, por ejemplo. Hay en la zona algunos reptiles endémicos del archipiélago, como el perenquén rugoso y el lagarto de Haría, mientras que los mamíferos que se adaptan a la hostilidad de este árido territorio son solo algunos erizos, la musaraña canaria y el conejo.

El islote de Lobos

Uno de los reclamos paisajísticos más efectistas de Fuerteventura es este islote minúsculo y deshabitado que emerge frente a la localidad de Corralejo. Se llega a él en tan solo 20 minutos de travesía, que llevan a un paraje extraordinario, de gran valor natural, prácticamente sin construcciones humanas y bañado por cristalinas aguas de color turquesa.

La isla o islote de Lobos emerge de las aguas del océano Atlántico justo frente a la localidad de Corralejo, a tan solo 2 km de la costa nororiental de Fuerteventura. Una y otra isla quedan separadas por el estrecho de la Bocaina, cuya profundidad no excede de los 30 m.

El tamaño del islote es diminuto, de apenas 500 hectáreas de superficie y poco más de 13,5 km de perímetro. Y jamás ha estado permanentemente habitado, si no tenemos en cuenta al farero y su familia que vivieron allí en soledad hasta 1968. Tampoco hubo nunca lobos, aunque sí grandes colonias de focas monje o fraile, popularmente conocidas como *lobos marinos* y de los que toma nombre la ínsula. Los pescadores prácticamente acabaron con la presencia de estos animales, ya que la enorme cantidad de pescado que comían suponía una reducción sustancial de los recursos disponibles para la pesca; actualmente se están realizando esfuerzos para la reintroducción de esta especie, aunque los pescadores de la zona siguen oponiéndose a ello.

4

Info

Oficina de Turismo de Corralejo

✉ Avda. Marítima, 16.

☎ 928 866 235.

🌐 https://visitcorralejo.com

▼ Islote de Lobos.

Tan limitado espacio guarda sin embargo un valioso patrimonio natural, debido especialmente a que allí se encuentran más de un centenar de especies vegetales de gran valor ecológico. Y también anidan numerosas aves, entre las que destacan la gaviota argéntea, la pardela cenicienta, la pardela chica, el paíño común, el petrel de Bulwer, el guincho o la gaviota patiamarilla. Todo ello le valió a la isla para ser incluida inicialmente dentro del Parque Natural de las Dunas de Corralejo e Isla de Lobos, y desde 1994 para disfrutar de protección individual como parque natural. Quedaba de esta forma protegida de cualquier tentación de urbanizar su escueto territorio.

Pese a estar deshabitada, es posible acercarse a ella gracias a un servicio regular de transporte marítimo que parte desde el puerto de Corralejo. La frecuentan numerosos pescadores, turistas, bañistas, submarinistas y, sobre todo, surfistas, que tienen en su litoral unas corrientes y oleaje muy apreciados. Hay un pequeño restaurante dirigido por los descendientes del farero y una zona de acampada. Y también la estatua de una figura femenina que corresponde a la escritora Josefina Pla, ilustre dramaturga, narradora y ensayista que nació en 1903 ¡en este islote!

La altura máxima de la isla es la Caldera de la Montaña, una formación volcánica que alcanza los 127 m de altura y que preside desde un extremo el resto del islote; está prohibido ascender por sus laderas. En la parte norte se extiende un pequeño malpaís de coladas volcánicas y arena, y allí se halla el faro llamado de Punta Martiña o de Lobos, que actualmente funciona de forma automática. Al sur se abre la idílica playa de la Concha, de cristalinas aguas turquesas y bien protegida de las inclemencias meteorológicas.

También cuenta la isla con su red de senderos, formada por casi cinco kilómetros que permiten realizar varias rutas bien señalizadas hasta distintos puntos del pequeño territorio. En total se requieren unas tres horas para recorrer toda la isla, y es muy importante no desviarse nunca de los caminos señalizados para proteger la fauna y la flora del paso de los visitantes.

Todo el fondo submarino del entorno del islote guarda también numerosos atractivos naturales, reservados en este caso al disfrute de los submarinistas y protegidos bajo la figura de Reserva Submarina.

▼ Vista del islote de Lobos y la isla de Lanzarote desde la playa de Corralejo.

Los quesos majoreros

5

No hay que marcharse de Fuerteventura sin, cuando menos, haber degustado una tapita del famoso queso majorero. Esta es, sin duda, la principal y más emblemática aportación de esta isla en el capítulo de lo gastronómico: unos quesos de cabra cuya reputación se ha forjado a través de la obtención de numerosos premios en certámenes nacionales e internacionales.

Info

Consejo Regulador de la DOP Queso Majorero
✉ Lucha Canaria, 112.
Puerto del Rosario.
☎ 928 532 593.
🔗 https://quesomajorero.es

Museo del Queso Majorero
✉ Virgen de Antigua, km 20.
☎ 928 878 041.
🔗 https://museoqueso
majorero.es
🕐 De lunes a domingo,
de 10 h a 18 h.

En *Le Canarien*, crónica de la expedición normanda de 1402, se dice sobre los habitantes aborígenes: "están provistos de quesos que son sumamente buenos, los mejores que se conocen en estas regiones, y sin embargo están hechos solamente con leche de cabras, de las cuales todo el país está lleno, más que ninguna de las demás islas; y cada año se podrían coger 60 000 cabras". Basta este breve texto para comprender la importancia que desde muy antiguo han tenido la cabaña caprina, la tradición pastoril y la elaboración de quesos en esta isla, una tradición que ha perdurado en el tiempo hasta nuestros días. A lo largo de los siglos los quesos majoreros han merecido las alabanzas de visitantes de medio mundo, y su producción ha ido pasando del autoabastecimiento a la exportación.

Son quesos grasos y de olor intenso, que se elaboran con leche de cabra de la raza autóctona majorera, aunque a los destinados a una mayor maduración se les añade un máximo del 15% de leche de oveja canaria. El Consejo Regulador de la DO Protegida Queso Majorero se encarga de controlar la pureza de esta leche, de que sea de animales de ganaderías inscritas a la DO y de que todo el proceso de elaboración siga los procedimientos tradicionales.

La cabra majorera es un animal resistente, perfectamente adaptado a la aridez del clima de Fuerteventura y a la escasez de pasto. Produce una leche densa, aromática y grasa que se considera la clave fundamental de la calidad y del peculiar sabor de los quesos majoreros. Pero también debe saber el visitante que el "bafio" o cabrito es la base de lo mejor de la cocina local. En materia gastronómica suele relacionarse a las islas con los productos procedentes del mar, pero en Fuerteventura lo mejor de la mesa es el cabrito, que se prepara asado al horno o estofado.

En cuanto a los quesos, se obtienen tiernos, semicurados o curados, según su grado de maduración, y

también existen dos variedades distintas en función de cómo se trata la superficie, que puede untarse de gofio o de pimentón.

La leche de cabra coagula gracias a la adición de cuajo proveniente de estómagos de cabrito, en un proceso que dura aproximadamente una hora a una temperaruta entre 28 y 32 ºC. La cuajada es prensada para eliminar la mayor cantidad posible de suero, y se obtiene así una pasta semiprensada. Esta pasta se introduce en los moldes (los tradicionales son de hojas de palmera trenzada) que han de dar al queso, una vez madurado, su forma y tamaño característicos. El proceso de maduración suele durar unos 8 días, durante los cuales se aplican las técnicas tradicionales de volteo, untado (de pimentón, gofio y aceite) y limpieza.

Todo este proceso puede ser artesanal o industrial, pero el resultado siempre debe ser un queso de forma cilíndrica, de 15 a 35 cm de diámetro y entre 6 y 9 cm de altura, que puede pesar entre 1 y 6 kg. Su masa al corte es compacta, pero la textura es cremosa. El sabor es ligeramente ácido y algo picante. El queso tierno es de color blanco, mientras que el curado adquiere un ligero tono marfil.

▲ La cabra majorera está adaptada a la aridez del clima y a la escasez de pasto de la isla; su leche, muy aromática, otorga un sabor muy peculiar a los quesos.

Las 10 mejores playas del norte de Fuerteventura

6

No cabe duda de que el mejor reclamo turístico de Fuerteventura son sus playas. Para muchos, la isla concentra las mejores playas de España. Siempre puede haber opiniones encontradas respecto a esto, pero lo que no puede discutirse es que una visita a la isla exige conocerlas y, a poder ser, disfrutarlas. Hay muchas, y conviene una selección. Comenzaremos por el norte de la isla.

La isla de Fuerteventura cuenta con alrededor de un centenar de playas y calas. Las hay de todas las clases: pequeñas y recogidas, de grandes dimensiones, de fina arena blanca, de arena negra o dorada, muy concurridas, sin apenas gente, con fuerte oleaje, de aguas tranquilas... de todo y para todos los gustos. Nos proponemos sugerir el *top ten* de las playas del norte, en una selección evidentemente subjetiva, con la única vocación de ayudar a decidir unos objetivos de visita.

1. Playa Blanca: comenzamos por la capital. Esta es una playa casi urbana, muy amplia, pero tranquila y nunca masificada. Es de arena rubia gruesa. Excelente en cuanto a servicios.

2. Dunas de Corralejo: de lo más espectacular de la isla. A lo largo de los 8 km de la fachada costera del

Parque Natural de las Dunas de Corralejo se suceden varias playas separadas entre sí por breves roquedos. Las situadas más cerca de Corralejo (El Médano, El Viejo y el Bajo Negro) son extensas, bien equipadas y bastante concurridas, mientras hacia el sur las playas son más pequeñas y más salvajes. Pero todas ellas se caracterizan por tener una arena blanca fina como la harina y tentadoras aguas de color turquesa.

3. Playa de la Goleta: entre las tres playas urbanas de Corralejo hemos seleccionado esta, situada en el centro urbano y enfrentada al islote de Lobos. Es una playa muy concurrida, pero tiene la ventaja de contar con dos chiringuitos restaurantes que permiten comer en unas terrazas en la misma playa.

4. La Concha: esta es la impactante playa del islote de Lobos. Imprescindible. Se llega en barco en apenas 20 minutos desde Corralejo. Se trata de un recogido arenal de 300 m de longitud, con arena blanca, bañado por aguas transparentes.

5. Majanicho: el sector más septentrional de Fuerteventura puede recorrerse a través de una pista sin asfaltar que discurre junto a la costa. Van descubriéndose numerosas playas magníficas, sin apenas construcciones a su espalda, que conforman unos parajes espectaculares. La de Majanicho se halla junto a la diminuta aldea homónima, y dado lo recóndito de la zona es especialmente tranquila.

6. Los Charcos: entre Majanicho y el faro del Tostón la costa es aún más espectacular si cabe. Allí se suceden una serie de playas comunicadas entre sí, y que forman lagunas naturales perfectas para el baño. Destaca entre ellas la conocida como

▼Playa de Corralejo.

el Gran Lago, una piscina natural de aguas cristalinas y arena blanca.

7. La Concha: ya definitivamente en la costa occidental de la isla, las playas de El Cotillo son también extraordinarias, de las mejores de la isla, con arena fina y aguas turquesas. En el mismo pueblo de El Cotillo está la playa de Los Lagos, y al sur se extiende la salvaje playa del Aljibe, de más de 1.300 m de arena rubia. Pero la más espectacular está al norte del pueblo: la playa de La Concha, de arena blanca y aguas cristalinas muy bien protegidas del oleaje por un arrecife natural.

8. Esquinzo: al sur de las playas de El Cotillo se abre esta pequeña cala de complicado acceso por camino de tierra. De arena y cantos gruesos, no es muy recomendable para el baño, porque suele haber fuerte oleaje, y por ello es muy poco frecuentada. Pero hay que visitarla para conocer las tres grandes acumulaciones de arena en forma de pirámide que se elevan en el centro de la playa.

9. Tebeto: es una playa pequeña y recóndita, también de gran belleza paisajística. Se accede a ella desde el pequeño pueblo de Tindaya, a través de una larga pista sin asfalto (unos 6 km), lo que la convierte en una playa muy poco concurrida.

10. Janubio: se accede desde el mismo punto que la anterior, y presenta unas características similares: poco atractiva para el baño debido al oleaje que siempre incomoda en esta parte de la isla, pero bellísima desde el punto de vista paisajístico.

Las 10 mejores playas del sur de Fuerteventura

Las playas del sur de Fuerteventura, y en especial las de la península de Jandía, no requieren ningún texto de recomendación. Están presentes en los catálogos turísticos de todo el mundo y han alcanzado amplia fama y renombre, sobre todo entre los aficionados a la práctica de deportes relacionados con el mar y el viento.

7

También en la parte sur de la isla hay de todo, desde inacabables arenales hasta pequeñas y recónditas calas. Las más famosas y concurridas no pueden obviarse, pero siempre es posible descubrir alguna que otra agradable sorpresa:

1. Gran Tarajal: es una playa urbana, dotada de todo tipo de servicios, pero su amplitud (más de un kilómetro de longitud y 100 m de anchura) permite que nunca haya agobios ni aglomeraciones. Es de arena negra de grano fino y medio. En su paseo marítimo hay una variada oferta gastronómica.

2. Giniginámar: entre Gran Tarajal y Tarajalejo se halla esta playa que tiene la ventaja de estar prácticamente libre de edificaciones turísticas a su espalda, y por tanto no es excesivamente concurri-

▼ Playa de Cofete.

da. Insertada en un pintoresco entorno, es de arena negra y queda bien protegida del viento.

3. Sotavento: de arena blanca y aguas cristalinas, esta es una de las playas más famosas y promocionadas de Fuerteventura, quizás la más presente en las fotografías de los folletos turísticos. Se trata de un larguísimo arenal situado al sur de Costa Calma, sin edificios turísticos a su espalda, y con una característica barra de arena de más de tres kilómetros de longitud que se extiende en paralelo a la costa, entre 100 y 300 metros de distancia. Esta barra de arena crea una especie de mar interior de poca profundidad, que es el sitio perfecto para iniciarse en algunos deportes náuticos como el windsurfing y el kiteboarding.

4. Butihondo: de casi tres kilómetros de longitud, puede considerarse una continuación hacia el sur de la playa de Sotavento. Es también de arena fina y blanca, y de espectaculares aguas turquesas, pero a su espalda se hallan varios hoteles y construcciones turísticas que le restan encanto. De todas formas es una playa tranquila, y la cercanía de los centros turísticos le otorga la ventaja de disponer de buenos servicios, incluidos varios chiringuitos para comer.

5. Ojos: un lugar bellísimo, totalmente virgen y completamente aislado del bullicio turístico, que se halla en el extremo meridional de la península de Jandía. Se accede a través de un largo camino de tierra. La playa es muy pequeña, de arena blanca y de gran atractivo paisajístico. La única pega es el fuerte oleaje que suele haber en esta zona.

6. Cofete: ya en la parte occidental de la península de Jandía se halla esta enorme playa de costoso acceso y muy baja ocupación. Merece la pena acercarse a ella aunque solo sea para contemplar el majestuoso paisaje que muestra todo este sector de Jandía.

7. Barlovento: se extiende esta playa como una continuación de la de Cofete, y con unas características similares: un arenal larguísimo de arena dorada (aunque en este caso más estrecho) y muy poco concurrido. También como la anterior, son playas que deben recomendarse más para contemplar el paisaje que para tomar un baño.

8. La Pared: pese a no ser muy conocida, esta es una de las playas más espectaculares de la isla. La frecuentan sobre todo practicantes de surf, que la consideran como la mejor de la isla para este deporte, pero en absoluto esto es un inconveniente para los bañistas. Se trata en realidad de dos playas, la del **Viejo Rey**, más grande y frecuentada, y la de la

Pared, al norte, más pequeña y menos frecuentada. Ambas son de arena oscura y espectacular estampa.

9. La Solapa: ya mucho más al norte se halla esta magnífica playa de arena negruzca, muy fotogénica. Es muy poco frecuentada, sin duda a causa de su complicado acceso y del incómodo oleaje. En la parte sur de la playa pueden verse, cuando la marea está baja, unas rocas gigantescas que han caído del acantilado debido a la acción del mar, y que forman pequeñas calas de gran belleza.

10. Ajuy: no es de las playas más espectaculares, pero sí de las más accesibles en este sector de la costa occidental de la isla. Es de arena negra y recibe sobre todo población autóctona. Tiene en contra el fuerte oleaje de la zona, y a favor la oferta gastronómica (productos del mar) que hay en el caserío de Ajuy.

▲ Playa de Sotavento (arriba), La Pared (izquierda) y cueva de la playa de los Ojos (derecha).

Deportes náuticos

Fuerteventura recibe cada año a miles de visitantes, provenientes de los más diversos países, que acuden a la isla con el único objetivo de practicar deportes relacionados con el mar. Las óptimas condiciones de sus aguas, sus playas y el viento, la han convertido en un referente internacional de primer orden para los amantes del surf, el windsurf y el kite surf.

Efectivamente, la fama de Fuerteventura como centro de reunión de surfistas y windsurfistas tiene hoy un alcance internacional. Más aún desde que cada año se celebra en la playa de Sotavento una de las pruebas del Campeonato del Mundo de windsurf y kitesurf. No debe pensarse, sin embargo, que la isla es un lugar apropiado para que practiquen este tipo de deportes solo los más expertos. Al contrario, para los no iniciados existen numerosas escuelas y lugares adecuados que animan a vivir una experiencia emocionante. Realmente, Fuerteventura invita a disfrutar de estas actividades sin riesgo y según las capacidades de cada uno.

El windsurf es el deporte que más se practica en Fuerteventura, hasta tal punto que hoy existe en la isla una gran comunidad de residentes fijos windsurfistas (y también surfistas). Los vientos alisios que soplan con constancia durante los meses de verano proporcionan las mejores condiciones para este deporte. Las inmediaciones de Corralejo son la zona preferida por los expertos, mientras que las aguas más tranquilas, como las de Costa Calma y la playa de Sotavento, son ideales para principiantes. Hay escuelas de windsurf en Flag Beach (al sur de Corralejo), en la playa de Sotavento y en los principales centros turísticos, que ofrecen clases para todos los niveles, desde iniciación hasta perfeccionamiento para los más expertos, y alquilan todo el equipo necesario.

También el surf es aquí un deporte muy popular, aunque en este caso otoño e invierno, con la llegada de las marejadas atlánticas, son los mejores momentos para practicarlo; de todas formas, es posible hacerlo en cualquier época del año. Existe la ventaja, además, de que la temperatura del agua tan solo oscila entre 18 y 23 ºC a lo largo de todo el año, por lo que un traje térmico de verano es siempre suficiente. Se puede disfrutar de olas indicadas para todos los niveles de pericia. Las más exigentes se originan en la costa norte, entre Corralejo y El Cotillo, realmente peligrosas debido a los arrecifes rocosos que hay en esa zona. También se practica el surf en El Cotillo, la playa de la Pared y en el extremo sur de la isla. Existen en Fuerteventura numerosas escuelas de surf que además de enseñar las técnicas y alquilar el equipamiento necesario, le llevan a los

▲ Las Windsurfing y Kiteboarding World Cup se celebran cada año en la playa de Sotavento.

▲ Las condiciones del
▼ oleaje y de los vientos
de esta isla atraen a
numerosos deportistas.

mejores sitios según las condiciones meteorológicas de cada momento.

Finalmente, el kitesurf o kiteboard es un deporte náutico de práctica más reciente, pero que ha alcanzado una enorme popularidad de forma muy rápida en los últimos años. Y como con los anteriores, Fuerteventura proporciona unas condiciones perfectas para su práctica. Hoy la isla alberga competiciones internacionales con regularidad. Los vientos alisios del verano proporcionan las mejores condiciones para su práctica; en invierno hay más oleaje, pero las condiciones del viento son menos constantes. Al mismo ritmo que ha crecido el interés por la práctica de este vistoso deporte, también ha crecido la oferta de formación en la isla, favorecida por la existencia de condiciones óptimas para los principiantes: en la playa de Sotavento, donde se realizan las pruebas de la opa del Mundo de este deporte, la lengua de arena que sigue el litoral conforma una especie de mar interior de aguas tranquilas que es ideal para iniciarse; la zona de Flag Beach, al sur de Corralejo, recibe vientos paralelos a la orilla, y es excelente para todos los niveles de habilidad. En cambio, en El Cotillo las condiciones de fuertes vientos, grandes olas y corrientes peligrosas hacen que sea una zona solo apta para los más expertos.

Bajo el agua

Es de sobra conocido que la isla de Fuerteventura ofrece unas excelentes condiciones para la práctica de deportes náuticos. En cambio, no ha alcanzado la misma proyección como centro de buceo. Y lo cierto es que esta isla es un espacio ideal para sumergirse junto a sus costas y explorar sus peculiares fondos submarinos.

D e hecho, al igual que escuelas de surf o windsurf, también hay en Fuerteventura numerosas escuelas de buceo. No es de extrañar, porque aquí las condiciones del agua son excelentes: buena visibilidad hasta 30-50 m de profundidad y temperatura que oscila durante todo el año entre 18 ºC y 23 ºC. Pero, sobre todo, Fuerteventura cuenta con unos espacios submarinos extraordinarios, que albergan una enorme riqueza natural entre el roquedo volcánico y los fondos de arena blanca.

La disposición geográfica de la isla, situada a tan solo cien kilómetros del continente africano, condiciona la flora y la fauna de sus fondos marinos y permite que compartan hábitat especies tropicales, mediterráneas y atlánticas, lo que convierte a la isla en un destino muy apreciado para la práctica del submarinismo.

Quizás el centro de buceo por excelencia en Fuerteventura es Caleta de Fuste. En este núcleo turístico se concentran diversos centros de formación y alquiler de material. Ello es debido a que las transparentes aguas del entorno ofrecen muchos puntos interesantes para sumergirse, con fondos donde se mezclan las piedras con la arena blanca, y con una rica y colorida vida submarina. Entre las rocas crecen formaciones de coral negro, esponjas, anémonas de diversas clases y nudibranquios, y se esconden meros, anguilas jardineras, morenas de diferentes tipos, sargos, jureles, rayas (algunas de hasta dos metros de diámetro) y angelotes; pueden verse también grandes bancos de peces damisela, de barracudas, de bogas, de bonitos o de grandes medregales; y de vez en cuando alguna sorpresa: atunes de hasta dos metros, tortugas marinas o incluso algún que otro tiburón ballena o tiburón martillo.

De todas formas, el lugar más apreciado por los submarinistas es el islote de Lobos, famoso por sus cornisas volcánicas y la excelente visibilidad de sus aguas. Son allí habituales los bancos de jureles, sei-

▼ En los fondos marinos de la isla comparten hábitat especies tropicales, mediterráneas y atlánticas.

fías, barracudas o salmonetes, pero también es posible toparse con alguna raya o incluso con algún pez martillo. El entorno submarino del islote está protegido, por lo que hay que ser especialmente cuidadosos.

En la costa occidental de Fuerteventura, el punto preferido por los buceadores para sumergirse son las costas del entorno de Ajuy, donde existen grandes cuevas y otras formaciones submarinas en la roca calcárea, aunque es una zona solo apta para expertos, que pueden disfrutar allí de una gran riqueza animal.

Finalmente, hay que citar la península de Jandía, en cuyas costas hay varios puntos también muy apreciados para el buceo, con grandes colonias de anguilas jardineras y bancos de herreras y morenas, entre otras muchas especies.

Los volcanes de Fuerteventura

En comparación con el resto de las islas del archipiélago canario, los volcanes de Fuerteventura son más que discretos. Protagonizan el paisaje insular, pero son poco llamativos, incluso aburridos para algunos. De todas formas, un volcán siempre despierta curiosidad, y los de Fuerteventura también ofrecen algunos parajes singulares y unas vistas extraordinarias desde lo alto de los conos.

Los estudios geológicos ponen de manifiesto que Fuerteventura es la más antigua de las islas Canarias. Ello explica que sus formaciones volcánicas sean las más erosionadas: los conos volcánicos, de escasa altura, aparecen con lomos redondeados y laderas rectilíneas; en algunos casos la parte externa del volcán ha quedado incluso completamente erosionada, y lo que puede verse son indicios de la estructura interna de la formación. Si a ello sumamos la aridez del clima y la escasez de vegetación, es fácil comprender que la estampa de los volcanes de Fuerteventura sea monótona y poco llamativa. Nada que ver con las espectaculares cimas volcánicas repletas de vegetación que caracterizan al resto de islas del archipiélago (excepto Lanzarote).

Aun así, una estancia en la isla ofrece la oportunidad, siempre emocionante, de conocer algún volcán. No hay que desaprovecharla.

Al norte de la isla, cerca de la localidad de Corralejo, se eleva una sucesión de nueve edificios volcánicos alineados a lo largo de unos 5 km. Son volcanes "recientes" (50 000 años), responsables de que la isla aumentara de tamaño unos 120 km^2, de los campos de lava (malpais) que rodean la zona e incluso de la formación del islote de Lobos. Se trata de uno de los conjuntos volcánicos más vistosos de la isla, y es fácil explorarlo gracias a una pista forestal que atraviesa la zona desde el pueblo de Lajares hasta Corralejo. Se verán, en este orden, la montaña Colorada-Calderón Hondo, la Caldera Rebanada, la Caldera Encantada, Las Calderas y finalmente el volcán de Bayuyo, ya junto a Corralejo.

Merece la pena subir hasta lo alto del Calderón Hondo, el mejor conservado del conjunto, para asomarse a su espectacular cráter de 70 m de profundidad. Hay varios caminos, bien señalizados, que

◄ Los roquedos volcánicos y la excelente visibilidad son dos de los incentivos, entre otros muchos, para la práctica del submarinismo en Fuerteventura.

permiten subir sin ninguna dificultad, y en lo alto existe un mirador que ofrece unas vistas perfectas, impresionantes, hacia el resto de volcanes de la zona y el malpaís creado por las coladas de lava; es habitual que en lo alto se acerquen las ardillas, acostumbradas a recibir visitas de excursionistas que les ofrecen comida.

Otro interesante edificio volcánico de esta zona norte de la isla es el volcán de la Arena, que se eleva al norte de la población de La Oliva. Tiene una altura cercana a los 200 m, y también es fácil encaramarse a lo más alto. Desde allí puede verse el interior de los dos conos volcánicos de que consta y, sobre todo, se disfruta de una espectacular panorámica de todo el norte de la isla. Al pie del volcán llama la atención el malpaís que formó la lava expulsada, colonizada por hongos, líquenes y otras plantas que le otorgan un característico color verde claro. Está catalogado como Monumento Natural.

▼ Vista aérea del volcán Calderón Hondo.

En la zona central de la isla puede recomendar-se la Caldera de Gairía, también protegida en su conjunto como Monumento Natural. Se eleva junto al pueblo de Tiscamanita, entre Antigua y Tuineje, y es posible acceder a su cima de 461 m de altura. Desde lo alto se obtiene una impresionante vista aérea del Malpaís Grande y de otros edificios volcánicos de la zona.

Ya más al sur, cerca de la aldea de Cardón y emergiendo en medio de un paisaje completamente llano, destaca por su singularidad el Monumento Natural de Montaña Cardón. Se trata de una formación volcánica muy antigua, extremadamente erosionada en su parte externa, de manera que queda al exterior su estructura interna, además de las coladas lávicas del entorno. Atractiva por los tonos rojizos de las rocas, en su cima pueden verse pitones volcánicos, que son los restos de los conductos por los que salía el material eruptivo.

Breve historia de la isla

▌Mahoh

No se sabe con certeza cuándo llegaron los primeros pobladores a Fuerteventura. Los restos humanos más antiguos hallados en la isla datan de hace unos 2300 años, pero algunos expertos estiman que los primeros habitantes pudieron llegar hace 3000 años. Aunque el enigma más indescifrable no es cuándo, sino cómo llegaron. Se sabe que los primeros pobladores de Fuerteventura provenían de la zona noroccidental de África, pero jamás se ha hallado ningún vestigio o referencia que ofrezca alguna pista sobre el tipo de embarcaciones que utilizaron, ni para llegar a Fuerteventura ni a ninguna de las otras islas del archipiélago canario. Posiblemente se desplazaron a las islas acuciados por la progresiva desertificación de sus lugares de origen, o quizás a causa de guerras y persecuciones, pero lo que parece claro es que desconocían la navegación.

Esta población aborigen se dedicaba al pastoreo, la agricultura, la pesca y la recogida de marisco. Llamaban a su isla Mahoh, que significaba en su idioma "mi país". De ahí procede, evidentemente, el gentilicio de "majoreros" con el que aún hoy se conoce a los habitantes de la isla.

Los aborígenes de Gran Canaria, en cambio, llamaban a la isla Ar-Bani, que significa "la pared". Esta denominación se refería al muro defensivo construido en el istmo que separa la península de Jandía del resto de la isla, y que dividía Fuerteventura en dos reinos enfrentados en guerras: Maxorata y Jandía. Hoy el istmo recibe el nombre de istmo de La Pared, y aún pueden verse tramos bastante bien conservados de aquella antigua frontera de piedra. Por otro lado, del nombre de Ar-Bani deriva el de Erbania, que era como los europeos nombraban a la isla antes de la conquista castellana.

Al parecer, ya los griegos, los fenicios y los romanos conocían la existencia de las islas Canarias, aunque nunca se establecieron en ellas. Los romanos dieron dos nombres a Fuerteventura: Planaria, por su relieve más bien llano, y Capraria, por la abundancia de cabras. Y en cuanto al nombre actual, aparece por primera vez en un mapa de 1339 realizado por Angelino Dulcet, escrito como "Forte Ventura", pero se desconoce el porqué de esta denominación.

▌La conquista castellana

De hecho, durante la Edad Media diversas expediciones de mallorquines, catalanes, portugueses, genoveses, etc., habían llegado hasta la isla, pero el proceso de conquista de los europeos no se inició hasta 1402.

Fue impulsado por los comerciantes normandos Jean de Bethencourt y Gadifier de la Salle, con el apoyo de la corona castellana. Su expedición partió con 283 hombres, pero en las escalas que realizaron en diversos puertos de la península sufrieron numerosas deserciones, de manera que finalmente navegaron hacia Fuerteventura con tan solo 63 marineros. A pesar de ello, la conquista fue rápida.

Se asentaron inicialmente en Lanzarote (ya bajo dominio castellano), desde donde llevaron a cabo las primeras incursiones bélicas a la isla vecina. En 1404 fundaron la población de Betancuria (recibió el nombre del conquistador Bethencourt), que fue durante siglos la capital y principal centro de poder insular. Al año siguiente la isla ya se hallaba totalmente bajo control de los europeos. La conquista completa no había durado más de tres años.

Los dos reyes locales fueron convencidos para que se rindiesen y aceptasen el bautismo. Se les otorgaron tierras y la exención de pagar tributos durante nueve años, aunque el resto de los aborígenes fueron asimilados o vendidos como esclavos.

❚ El peligro de la piratería

Tras la conquista, la isla pasó a ser un señorío dependiente de la Corona de Castilla. El señor jurisdiccional y un gobernador representante de la Corona ostentaban el poder, y cada uno de ellos contaba con sus propias milicias locales. El primer censo de la población insular data de 1440, y registró una población de cerca de 1.200 habitantes.

▼ Representación escultórica de los primeros pobladores de la isla de Fuerteventura.

El principal problema que debieron afrontar los isleños tras la conquista fue el de las constantes incursiones de piratas berberiscos y corsarios franceses. Este es el motivo por el que los principales asentamientos se localizaron en el interior, alejados de la costa. Y ello llevó también a que en 1573 Felipe II sustituyera a los gobernadores civiles por gobernadores militares.

Pero esta iniciativa no impidió que en 1593 Jabán Arráez, al mando de una flota de corsarios berberiscos, tomara el control de la isla durante varios meses y destruyera por completo la localidad de Betancuria. Numerosos isleños fueron hechos prisioneros y confinados a los calabozos de Fez.

De todas formas, la progresiva conquista del resto de islas del archipiélago fue dejando a Fuerteventura en un segundo plano de la historia de Canarias. Sus áridas y estériles tierras, su pobre economía, no resultaban tan atractivas para la piratería o para posibles conquistadores como el resto de las islas, y también se mantuvo al margen del gran progreso económico que supuso en otras islas el hecho de convertirse en centros de mercado de las rutas entre Europa y América.

Del feudalismo al final del Antiguo Régimen

Así pues, durante varios siglos la isla languidece entre un limitado desarrollo económico y demográfico, con un poder señorial que tiene continuidad por vía hereditaria, y con escasos sobresaltos sociales y políticos.

A partir del siglo XVIII se suceden algunos cambios en la estructura administrativa, que se manifiestan en la pérdida de concentración de poder en Betancuria: el gobierno militar se desplaza a La Oliva y se crean nuevas parroquias independientes de la de la capital.

En 1780 se introduce en la economía el cultivo de la barrilla. Este hecho es relevante, ya que su producción (también la de cereales y la ganadería) se convierte en estandarte de una economía que cada vez más necesita abrirse al exterior y, por tanto, requiere reforzar la funcionalidad y la seguridad de los puertos. Fuerteventura necesita salir del interior y poblar el litoral. Así, en 1797 se funda Puerto de Cabras (la actual Puerto del Rosario), que crece muy rápidamente gracias al comercio marítimo. En pocos años se consolida como principal puerto y núcleo comercial de la isla.

Pero quizás el hecho más destacado de este periodo de la historia moderna de Fuerteventura tiene lugar en Cádiz: en 1812 las Cortes de Cádiz ponen las bases para la abolición de los señoríos en España. Es el final del Antiguo Régimen y el principio de una nueva estructura administrativa, en la que Fuerteventura pasa a formar parte de la provincia de Canarias. También se crean nuevos municipios con sus ayuntamientos, en Fuerteventura uno por cada parroquia existente en aquel momento.

En 1834, la sede del Cabildo, principal órgano de gobierno insular, pasa a emplazarse primero, y brevemente, en Antigua, y posteriormente en Puerto del Rosario (aún por entonces Puerto de Cabras), que se convertía así en la capital de la isla.

▍Fuerteventura contemporánea

Durante la segunda mitad del siglo xix y la primera del xx la historia de Fuerteventura se desarrolla a rebufo de los constantes vaivenes de la política española. La ley de Cabildos de 1912, que aseguraba la continuidad de estos gobiernos insulares a pesar de la nueva administración provincial, y la creación en 1927 de la provincia de Las Palmas (hasta entonces la única provincia canaria tuvo su capital en Santa Cruz de Tenerife) son quizás los dos aspectos de mayor trascendencia política para la isla en esas décadas.

Fuerteventura no fue escenario de enfrentamientos militares durante la Guerra Civil, pero sí de una fuerte represión a todos los niveles durante los años de la contienda y la posguerra. Durante la larga etapa de la dictadura franquista el devenir histórico de la isla incluye dos aspectos opuestos: por un lado el atraso económico y social, que durante la década de 1960 conlleva una numerosa emigración hacia la península o hacia América; y por otro el inicio del gran *boom* turístico que caracteriza a todo el archipiélago canario y que transforma completamente su economía, su paisaje e incluso sus formas de vida.

Tras el final del franquismo, la Constitución de 1978 y la creación en 1982 de la Comunidad Autónoma de Canarias supusieron la recuperación de las libertades, de la democracia y del autogobierno insular, y permitieron una larga etapa de desarrollo económico y social.

A lo largo de este último periodo de la historia insular el turismo se ha ido consolidando como el principal recurso económico. Esta beneficiosa aportación ha chocado en algunos momentos con el problema del fuerte impacto ambiental y paisajístico del desarrollo urbanístico en un espacio tan singular como esta isla, pero en general Fuerteventura ha sabido luchar con éxito para preservar su patrimonio natural, hasta el punto de que la isla fue catalogada por la Unesco en 2009 como Reserva de la Biosfera.

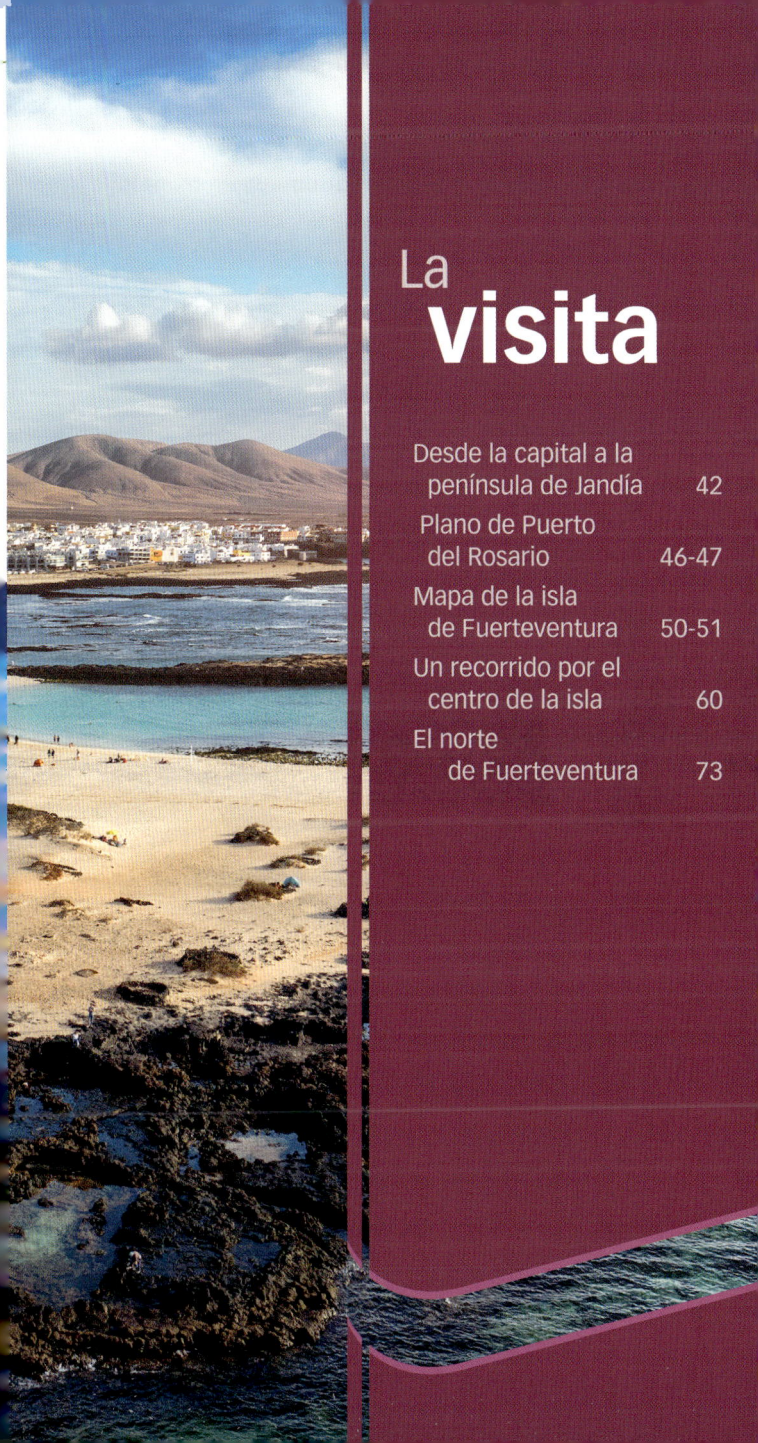

La
visita

Desde la **capital** a la **península de Jandía**

En contraste con la costa occidental de la isla, en la que predominan los acantilados y apenas hay asentamientos humanos, en el sector oriental, el que mira a África, se hallan la mayoría de los grandes centros turísticos de Fuerteventura, las carreteras más transitadas, las playas más concurridas y la propia capital insular, Puerto del Rosario. La actividad en Fuerteventura se decanta al este.

Y puesto que en este sector se hallan el aeropuerto, el puerto de llegada de los ferris y la mayoría de alojamientos, probablemente va a ser la primera zona que el visitante se disponga a conocer.

El recorrido que proponemos permitirá visitar todo este sector y llegar hasta el extremo más meridional de la isla, la península de Jandía, un singular espacio natural, secularmente muy poco habitado, donde se extienden las más famosas playas de Fuerteventura.

❚ Visita a Puerto del Rosario

La capital de Fuerteventura tiene una historia breve. Fue fundada en 1797 en un lugar donde no había asentamientos anteriores, y recibió inicialmente el nombre de Puerto de Cabras porque el barranco que desembocaba en la bahía era el punto donde solían acercarse a abrevar las cabras que pastaban por la zona.

Nació de la nada pero no tardó en experimentar un notable crecimiento demográfico gracias al comercio marítimo. Los grandes propietarios agrícolas necesitaban un puerto más cercano a sus explotaciones que los utilizados hasta entonces, para exportar su producción de cereales, barrilla y ganado. La bahía de Puerto de Cabras era un excelente enclave natural para ello. Comenzaron a construirse allí almacenes para depositar los cereales y la barrilla, y la actividad mercantil conllevó el asentamiento permanente de algunas familias procedentes de pueblos cercanos.

Así, en muy pocos años Puerto de Cabras se fue consolidando como principal puerto y núcleo comer-

❚ Planificación de la visita

La capital de la isla, **Puerto del Rosario,** puede ser un buen punto de partida para recorrer este sector oriental de Fuerteventura. A partir de allí, la carretera FV 2, muy transitada en las épocas de mayor afluencia turística, se dirige hacia el sur, primero siguiendo la costa y, a partir de **Caleta de Fuste,** desviándose hacia el interior para atravesar el **Malpaís Grande.**

El recorrido lleva a **Gran Tarajal,** uno de los grandes centros turísticos de la isla, y a los núcleos de **Giniginámar** y **Tarajalejo,** ya a las puertas de la península de Jandía.

Las estrellas (✱ o ✱✱) que acompañan a los monumentos y lugares de interés hacen referencia, respectivamente, a su importancia (**La Oliva** ✱) o especial interés (**islote de Lobos** ✱✱).

▼ Puerto deportivo de Puerto del Rosario.

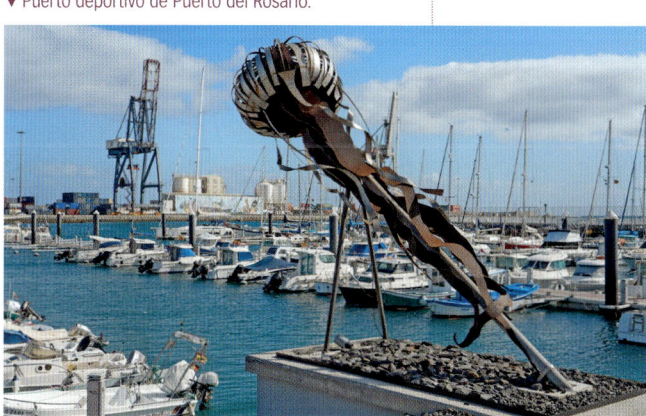

cial de la isla, y ya en 1835 se convirtió en municipio independiente. Veinticinco años después, en 1860, adquirió el estatus de capital de Fuerteventura y la consiguiente concentración de servicios administrativos supuso un nuevo empuje para su crecimiento y dinamismo.

No fue hasta 1956 cuando cambió su peculiar nombre de Puerto de Cabras por el actual de Puerto del Rosario, quizás para darle algo más de empaque capitalino a nivel toponímico. En 1999 alcanzó los 20 000 habitantes y adquirió la categoría de ciudad.

Por tanto, los sitios y edificios históricos son más bien escasos en Puerto del Rosario. Apenas se distingue un núcleo antiguo, y la ciudad muestra perfectamente su trazado rectilíneo y su evolución urbanística moderna. A pesar de ello, la capital majorera merece una visita, en especial para pasear a lo largo de su agradable fachada marítima, frente a la bahía.

AVENIDA MARÍTIMA ✱

Puerto del Rosario es una ciudad plenamente abierta al mar y, como tal, disfruta de un largo paseo marítimo. El núcleo central y más animado de la **avenida marítima** se extiende a lo largo de toda la **avenida de los Reyes de España,** junto a la zona portuaria. Allí se concentra gran parte del dinamismo urbano,

▼ Puerto del Rosario.

con gran cantidad de paseantes (turistas y locales) y de terrazas de bares y restaurantes. Pero es también un lugar ideal para un paseo relajado, para contemplar el horizonte marítimo o incluso para disfrutar de la playa urbana, la *playa de los Pozos.*

Desde 1996 la avenida marítima cuenta con un conjunto de curiosas esculturas de gran tamaño, en forma de caracolas, del artista canario Juan Bordes. El éxito de esta iniciativa de embellecimiento escultórico impulsó al consistorio a extenderla al resto de la ciudad, y hoy Puerto del Rosario suele definirse como un museo al aire libre, un verdadero **parque escultórico** con más de un centenar de obras de diversos artistas y tendencias dispersas por toda la ciudad. Van hallándose inopinadamente en plazas, avenidas, parques e incluso emergiendo del mar.

I IGLESIA DE NUESTRA SEÑORA DEL ROSARIO

En esta zona tangente al puerto debe visitarse la **iglesia de Nuestra Señora del Rosario,** en la plaza del mismo nombre. Es una obra reciente, pues comenzó a construirse en 1824, pero ha sido declarada Bien de Interés Cultural. Su estampa es sencilla pero evocadora, perfectamente integrada en el entorno de pequeñas y blancas casas, de no más de tres plantas, que conforma el núcleo originario de la población.

• • • • • • • •

Oficina de Información Turística de Puerto del Rosario
✉ Avda. Reyes de España.
☎ 618 527 668.
🖵 https://turismo-puertodelrosario.org

Patronato de Turismo de Fuerteventura
✉ Almirante Lallermand, 1.
☎ 928 530 844.
🖵 https://fuerteventuraturismo.es

Oficina de Información Turística en el Aeropuerto
✉ Aeropuerto de Fuerteventura; terminal de llegadas.
☎ 928 860 604.
🖵 www.visitfuerteventura.com

• • • • • • • •

⏱ B3
Iglesia de Nuestra Señora del Rosario

PUERTO DEL ROSARIO

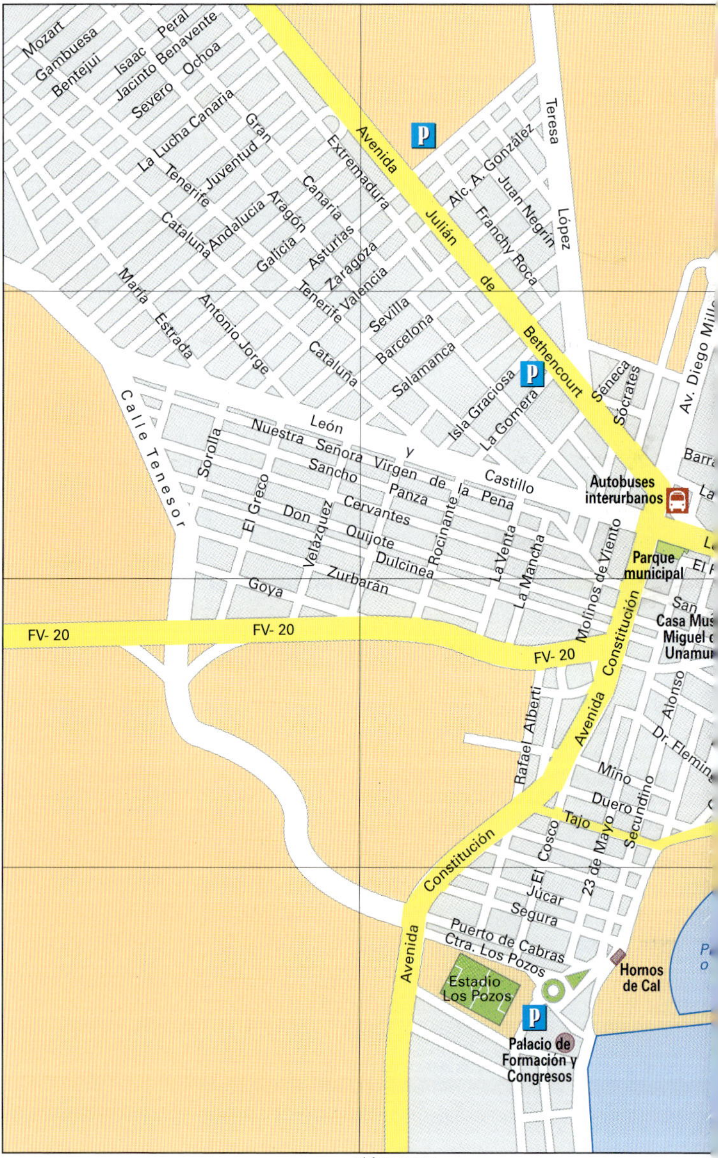

2

A

Mozart
Gambuesa
Bentejui
Isaac Peral
Jacinto Benavente
Severo Ochoa

La Lucha Canaria
Gran Tenerife
Juventud
Cataluña Andalucía
Galicia
Aragón
Asturias
Zaragoza
Tenerife Valencia
Sevilla
Barcelona
Salamanca

Avenida
Extremadura
Canaria
Julián

Alc. A. González
Juan Negrín
Franchy Roca

Teresa
López

de

Bethencourt

María Estrada
Antonio Jorge
Cataluña

Séneca
Sócrates

Av. Diego Mill

B

Calle Tenesor

Sorolla
El Greco
Velázquez
Goya
Zurbarán

León
Nuestra Señora
Sancho
Don
Quijote

Virgen de la Peña
Panza
Cervantes
Dulcinea

Isla Graciosa
La Gomera

y
Castillo
Rocinante
La Venta
La Mancha

Autobuses interurbanos

Barra
La

Le
El

Parque municipal

Molinos de Viento

San
Casa Mus
Miguel d
Unamu

FV-20

FV-20

FV-20

Constitución

Alonso
Dr. Flemin

C

Rafael Alberti

Avenida

Miño
Duero
Tajo

El Cosco
23 de Mayo
Secundino

Constitución

El
Júcar
Segura
Puerto de Cabras
Ctra. Los Pozos

Avenida

Estadio Los Pozos

Homos de Cal

P

D

Palacio de Formación y Congresos

1

al Aeropuerto

2

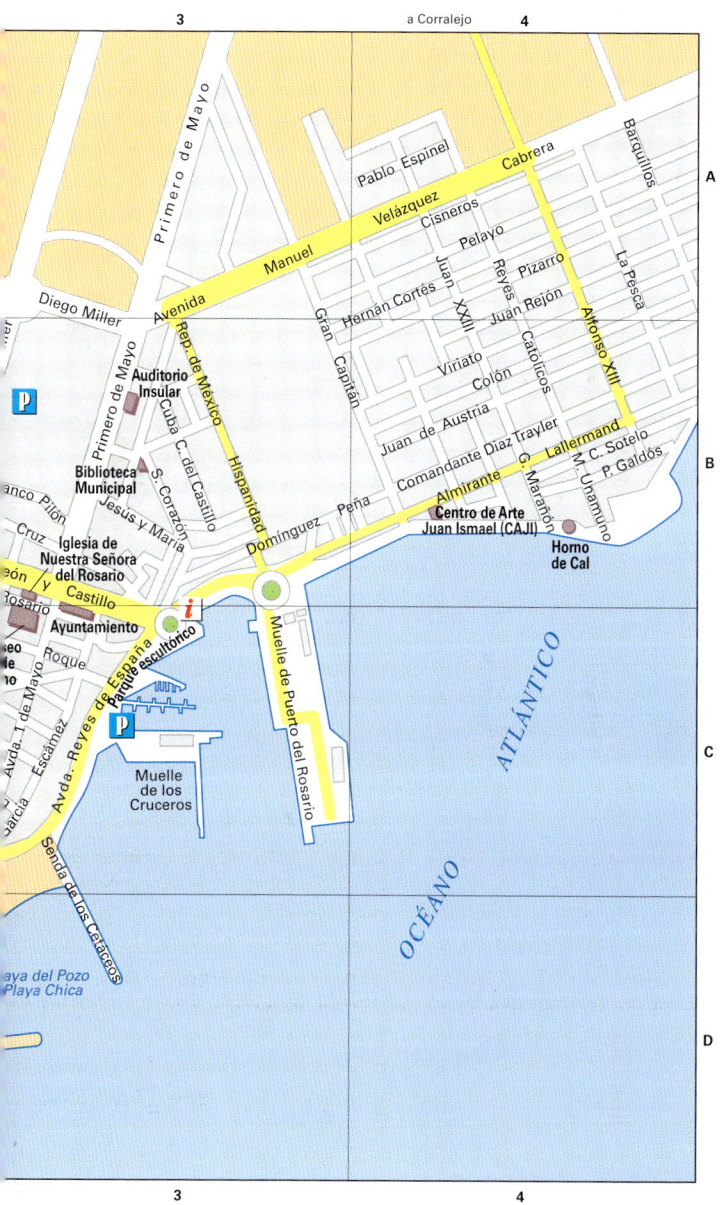

a Corralejo

OCÉANO ATLÁNTICO

• • • • • • • •

🌐 C3
**Casa Museo Miguel
de Unamuno**
✉ Virgen del Rosario, 11.
☎ 669 617 664.
💻 https://museos
fuerteventura.com
🕐 De lunes a viernes
de 8 h a 14 h.
🎫 Entrada gratuita.

❚ **CASA-MUSEO MIGUEL DE UNAMUNO** ✱

Muy cerca de la iglesia se halla la **Casa Museo Miguel de Unamuno,** en realidad el antiguo Hotel Fuerteventura, donde el escritor bilbaíno vivió cerca de seis meses, en 1924, confinado por el régimen de Primo de Rivera, y antes de partir hacia París. En 1983 el Cabildo Insular de Fuerteventura adquirió el inmueble y preparó la instalación museística que hoy puede verse, destinada a difundir la obra que el escritor produjo en la isla.

Se trata de una casona de típica estructura canaria del siglo XIX, que consta de zaguán de acceso a la casa y habitaciones abiertas a un patio central que dispone de aljibe para recoger el agua de la lluvia. En su interior se recrea el ambiente de una vivienda de la década de 1920, y se conservan mobiliario, objetos personales, fotografías, manuscritos e incluso el escritorio y la cama que utilizó don Miguel.

❚ **AUDITORIO INSULAR**

Este moderno edificio constituye un espacio polivalente para todo tipo de actuaciones musicales o de otras artes escénicas (teatro, danza...), e incluso ejerce funciones de palacio de congresos y convenciones. Cuenta con 570 butacas y con una programación permanente a la que conviene estar atentos cuando se visita la isla.

Junto al Auditorio se halla la **Sala de Exposiciones de la Casa de la Cultura,** en la que pueden verse exposiciones temporales de pintura y fotografía.

Otro espacio cultural es el **Centro de Arte Juan Ismael (CAJI),** dedicado a este pintor majorero (1907-1981). Además de su obra recoge la de otros artistas contemporáneos de Canarias y la península.

❚ **PLAYA BLANCA**

La ya citada playa de Los Pozos es la verdadera playa urbana de Puerto del Rosario, pero desde la ciudad se puede llegar andando en un agradable paseo hasta *Playa Blanca,* también conocida como "la playa de la capital". Se trata de un arenal de grandes dimensiones, perfectamente acondicionado con numerosos servicios para los bañistas y de aguas tranquilas.

• • • • • • • •

🌐 B3
Auditorio Insular

• • • • • • • •

🌐 B4
**Centro de Arte Juan Ismael
(CAJI)**
✉ Almirante Lallermand, 10.
💻 https://cultura
fuerteventura.es
🕐 De martes a sábado de 10 h
a 13 h y de 17 h a 21 h.

❚ Hacia el sur de la capital

La carretera FV 2 sale de Puerto del Rosario hacia el sur de la isla. Quedan atrás el arenal de Playa Blanca, el aeropuerto (situado a tan solo 5 kilómetros de la capital) y la larga *playa del Matorral.* En todo este tramo de litoral el único asentamiento costero es el núcleo turístico de **Costa de Antigua,** no muy grande. Pero poco más al sur se llega a Caleta de Fuste, 7 kilómetros al sur del aeropuerto, donde hay que detenerse.

| CALETA DE FUSTE

El que fuera un modesto núcleo de pescadores es hoy uno de los mayores enclaves turísticos de la isla, con gran cantidad de hoteles y apartamentos, un puerto deportivo, un centro de convenciones, dos campos de golf, multitud de centros comerciales, animadas zonas de ocio, numerosas instalaciones deportivas... un verdadero paraíso para el turismo familiar que atrae a visitantes de toda Europa.

Gran parte de su éxito se debe a su ubicación frente a una cala de aguas cristalinas, que constituye uno de los rincones mejor protegidos del oleaje del Atlántico en toda la isla. Cuenta con una amplia *playa* de fina arena dorada, junto a la que se suceden las edificaciones turísticas, aunque en el entorno inmediato se abren numerosas calas de tamaño más pequeño y mucho menos concurridas. Merece la pena descubrirlas.

Oficina de Turismo de Caleta de Fuste
✉ Avda. Alcalde Juan Ramón Soto Morales, 10.
☎ 928 163 286.
🌐 https://ayto-antigua.es

▼Caleta de Fuste.

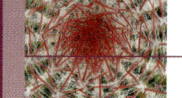

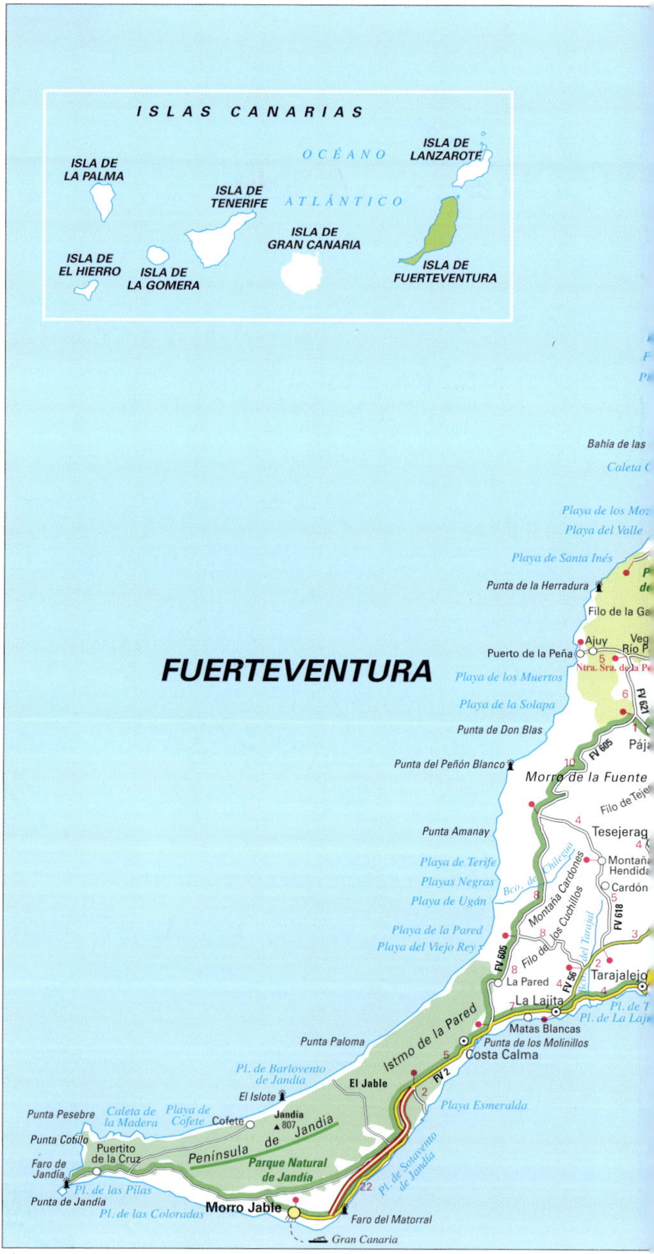

ISLAS CANARIAS

OCÉANO
ATLÁNTICO

ISLA DE
LA PALMA

ISLA DE
TENERIFE

ISLA DE
LANZAROTE

ISLA DE
GRAN CANARIA

ISLA DE
EL HIERRO

ISLA DE
LA GOMERA

ISLA DE
FUERTEVENTURA

Bahía de las

Caleta C

Playa de los Moz

Playa del Valle

Playa de Santa Inés

Punta de la Herradura

Filo de la Ga

Veg
Río P

Puerto de la Peña

FUERTEVENTURA

Ntra. Sra. de la Pe

Ajuy

Playa de los Muertos

Playa de la Solapa

Punta de Don Blas

Pája

Punta del Peñón Blanco

Morro de la Fuente

Filo de Teje

Punta Amanay

Tesejerag

Montaña
Hendida

Playa de Terife

Playas Negras

Cardón

Playa de Ugán

Playa de la Pared

Playa del Viejo Rey

La Pared

Tarajalejo

La Lajita

Pl. de T
Pl. de La Laje

Matas Blancas

Punta Paloma

Punta de los Molinillos

Costa Calma

Pl. de Barlovento
de Jandía

El Jable

El Islote

Playa Esmeralda

Punta Pesebre

Caleta de
la Madera

Playa de
Cofete

Jandía
807

Cofete

Punta Cotillo

Puertito
de la Cruz

Península   de   Jandía

Faro de
Jandía

Pl. de las Pilas

Parque Natural
de Jandía

Punta de Jandía

Pl. de las Coloradas

Morro Jable

Faro del Matorral

Gran Canaria

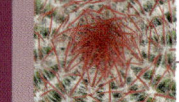

Turismo de sol y playa aparte, en Caleta de Fuste puede visitarse el pequeño **castillo-fortaleza,** una construcción en piedra negra volcánica que data de mediados del siglo XVIII. Fue levantada con el propósito de defender todo este sector del litoral de las constantes incursiones de los piratas norteafricanos. Su perfil es simple, con pequeñas garitas en las esquinas, un acceso mediante puente levadizo y un torreón central de planta circular.

Cabe destacar, finalmente, que Caleta de Fuste es uno de los lugares más apreciados de la isla para la práctica de deportes náuticos: kayak, motos de agua y, sobre todo, submarinismo y windsurf.

LAS SALINAS DEL CARMEN

Poco más al sur de Caleta de Fuste se encuentra **Las Salinas del Carmen,** un pequeño núcleo de aire marinero que tiene un pasado de gran actividad comercial ligado a la extracción y comercialización de la sal.

Construidas hacia 1910, las viejas **salinas** fueron recuperadas con el objetivo de conservar uno de los paisajes más emblemáticos de la isla. Hoy se explotan de forma tradicional, pero además han sido convertidas en **Museo de la Sal** y pueden visitarse.

El museo permite dos itinerarios complementarios, uno interior y otro exterior. El primero ofrece un didáctico recorrido por la historia de la explotación de la sal, una completa explicación de los ecosistemas salinos y amplia información sobre el conjunto de salinas de las islas Canarias. El exterior permite conocer in situ el proceso de producción de la sal, los diferentes elementos arquitectónicos en que se estructuran las salinas y el singular paisaje que conforman.

Se trata, pues, de uno de los puntos de mayor interés etnográfico de la isla, una joya del patrimonio cultural majorero, pero también del patrimonio natural, pues las salinas constituyen un importante hábitat y lugar de nidificación y aprovisionamiento de numerosas aves migratorias.

▼ Museo de la Sal y salinas del Carmen.

POZO NEGRO ✳

Después de Las Salinas del Carmen la carretera se aleja de la costa y prosigue por el interior. De esta forma salva el impracticable terreno del *Malpaís Grande.*

Puesto a salvo de la vorágine constructiva al ser catalogado como Paisaje Protegido, el Malpaís Grande constituye el mayor campo de lavas de la isla, con una superficie de más de 3.200 hectáreas de paisaje negruzco, árido e inhóspito. Impactante.

Las coladas de lava que conforman este paraje descendieron por el barranco de Pozo Negro, al final del cual se abre un pequeño fondeadero natural. Allí se halla el diminuto pueblo de **Pozo Negro,** del que se tiene noticia desde 1427. Se llega a él desde un cruce de la carretera FV 2.

Pozo Negro es tal vez el mejor ejemplo de pueblo marinero tradicional en la isla, completamente inalterado, con sus pequeñas casas blancas adosadas al acantilado que forma la colada de lava y con las barcas de pescadores sobre los cantos rodados de la playa. Un contraste radical con el área turística de Caleta de Fuste.

Cabe decir que desde Las Salinas del Carmen a Pozo Negro también se puede ir a través de una pista forestal que va paralela la costa. Es una buena opción, porque permite conocer algunos rincones sorprendentes, muy escondidos y poco transitados, como la *playa del Muelito,* la *caleta de la Ballena* o la *playa de Leandro.*

Junto a Pozo Negro se halla el antiguo **poblado de La Atalayita,** con más de 115 construcciones

Museo de la Sal
- ✉ Crta. Gral Salinas, F V2.
  Las Salinas del Carmen.
  Antigua.
- ☎ 928 174 926.
- 🖥 museosalinasdelcarmen.es
- 🕐 De lunes a domingo,
  de 10 h a 18 h.

Centro de Interpretación del Poblado de La Atalayita
- ✉ Ctra. Gral. de Pozo Negro.
  Pozo Negro. Antigua.
- ☎ 928 858 998.
- 🖥 www.visitfuerteventura.com
- 🖥 https://museos fuerteventura.com
- 🕐 De martes a sábado,
  de 10 h a 14 h.

▼ Bahía de Pozo Negro.

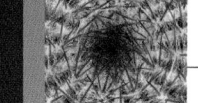

realizadas por los mahos hace más de seis siglos, además de otras construcciones pastoriles más modernas. Hay en el lugar un **Centro de Interpretación** perfectamente acondicionado para explicar todo lo que puede verse en la visita y la función de cada uno de los diferentes tipos de edificaciones.

GRAN TARAJAL

La carretera rodea todo el Malpaís Grande por el interior. Tan solo algunas pistas forestales permiten acercarse al litoral de este sector de la isla, donde se esconden algunas ensenadas y pequeñas playas.

Poco después viene **Gran Tarajal,** uno de los principales núcleos urbanos del sur de la isla y el segundo puerto en importancia de Fuerteventura. Perteneciente al municipio de Tuineje, fue durante mucho tiempo la salida natural para la exportación de los productos agrícolas y ganaderos de la zona, especialmente del tomate, y vivió una gran actividad comercial. De hecho, aún hoy se respira ese ambiente comercial, especialmente en su calle principal y en el muelle. También hubo aquí el mayor horno de cal de Fuerteventura, que hoy puede verse como una curiosa reliquia de arqueología industrial.

Pero la base económica actual es el turismo. Su magnífica *playa* de arena negra, de unos 800 m de longitud, acompañada por un cuidado paseo marítimo, es un poderoso atractivo que ha hecho crecer notablemente la población en las últimas décadas. Gran Tarajal recibe fundamentalmente un turismo de carácter familiar, pero también es uno de los núcleos con más variopinta animación nocturna en la isla y con uno de los carnavales más animados.

Una breve incursión hacia el interior, a través del *valle de Gran Tarajal,* le llevará a descubrir un extraordinario *palmeral,* una de las mejores muestras que se conservan en Fuerteventura de este tipo de vegetación autóctona. Está formado por palmeras datileras y palmeras canarias, cuyas hojas y ramales aún se utilizan para la cestería artesanal y para la elaboración del típico sombrero majorero, auténtico símbolo de la isla. También hay en la zona grandes extensiones de aulagas y tarajales, planta que da nombre al lugar.

FARO DE LA ENTALLADA ✱

Unos dos kilómetros antes de llegar a Gran Tarajal por la carretera FV 20, arranca un cruce hacia el pueblo de **Las Playitas.** Se trata de un pueblo pesquero que ha experimentado un importante desarrollo en los últimos años, al instalarse allí varios hoteles y

· · · · · · · ·

 Oficina de Información Turística de Gran Tarajal
 Avda. Paco Hierro.
 696 974 272.
 www.tuineje.es

campos de golf. Sin embargo, aún conserva una singular estampa marinera y una atmósfera tranquila que supone una buena alternativa a los grandes centros turísticos de esta zona de la isla. Tiene fama, además, de ser un buen punto para poder comer pescado fresco.

Desde Las Playitas sale el desvío al **faro de la Entallada,** a 6 kilómetros. Una estrecha carretera atraviesa el inhóspito paisaje y, tras una muy pronunciada pendiente en su último tramo, lleva hasta el recóndito lugar. Allí se halla uno de los mejores miradores de la isla.

El edificio del faro no tiene ningún encanto. Es una obra moderna, de 1953, situada en la cima de un acantilado de 200 m de altura, en el punto geográfico de Canarias más cercano a África (unos 100 km).

Pero las vistas desde el lugar son espectaculares, tanto hacia el océano, que aquí suele mostrarse especialmente violento, como hacia el Monumento Natural de los *Cuchillos de Vigán,* zona protegida debido a su gran interés científico. Los cuchillos son montañas alargadas entre dos valles, con restos de grandes acumulaciones de coladas volcánicas. El de Vigán alcanza una altura de 462 metros y cae directamente al mar.

Faro de la Entallada
✉ Camino de la Entallada, s/n.
☏ www.tuineje.es

▼ Faro de la Entallada.

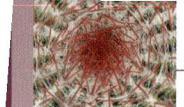

La playa de Cofete

No es una playa más. La famosa playa de Cofete conforma un paraje imponente, de dimensiones enormes (más de 12 km de longitud), completamente virgen y rodeado de un entorno natural espectacular. Un lugar que debe visitarse.

Situada en la parte de Barlovento de la península de Jandía, se llega a ella tomando la carretera que sale de Morro Jable en dirección a El Puertito; a 8,5 km se halla el desvío hacia Cofete, con un camino difícil de recorrer para un turismo, que remonta a base de curvas la alineación montañosa del centro de la península; a unos 2 km se alcanza el **mirador Degollada Agua Oveja,** desde donde ya se obtiene una impactante panorámica de la playa. El camino baja hasta la aldea de Cofete y hasta el aparcamiento de la playa. Desde allí se puede recorrer la playa hacia el norte para llegar a *El Islote* (5 km), o bien hacia el sur hasta el impresionante *roque del Moro* (2,7 km).

No es fácil llegar hasta allí, pero un paseo por esta playa puede suponer una de las mejores experiencias que pueden vivirse en Fuerteventura.

Merece la pena hacer una excursión a este punto, solamente por las increíbles vistas que se tienen tanto del mar como de las montañas y acantilados que lo rodean. Además, a los pies del faro está la pequeña *playa de la Entallada,* a la que se accede a través de una pista forestal y que constituye un lugar especialmente tranquilo para tomar un baño.

| GINIGINÁMAR

Algo más al sur de Gran Tarajal se halla Giniginámar. Nada tienen que ver el uno con el otro. **Giniginámar** es aún un tranquilo pueblo marinero que conserva su estampa tradicional sin acoso de construcciones modernas para el turismo.

Se sitúa frente a una amplia bahía en cuya playa crecen palmeras, tarajales y un matorral abierto de matamoros, todo ello protegido por su alto interés biológico.

Aquí se instalan pocos turistas, pero el pueblo es apreciado por aquellos que buscan tranquilidad, contacto pleno con la naturaleza y alejarse del bullicio. Es, además, otro punto excelente para la práctica del buceo.

| TARAJALEJO

Ya cercano al inicio de la península de Jandía, se abre al mar el ancho valle de Tarajalejo, cubierto de palmeras, que culmina en una larga bahía y una playa de fina arena negra bien resguardada de los embates del viento.

Junto a la playa está el núcleo de **Tarajalejo,** especialmente atractivo para aquellos que buscan una estancia tranquila en la isla, porque aquí tampoco han llegado los excesos del turismo de masas a pesar de que el lugar posee argumentos de sobra para ello.

Su playa tiene algo más de un kilómetro de extensión, y permite el baño en unas aguas especialmente tranquilas.

Y aún cabe destacar la presencia, algo más al sur, de otra interesante y amplia playa, la *playa de La Lajita,* también de arena negra, aguas tranquilas y baja ocupación.

| PLAYA DE UGÁN   ✱

Poco después de La Lajita se llega al *istmo de la Pared,* es decir, a la estrecha franja de terreno que une la península de Jandía con el resto de la isla. Su nombre proviene de una pared o muro que se extendía de un extremo al otro del istmo a lo largo de 6 km, una sorprendente obra de los pobladores aborígenes, de notable altura (1,5 m). Al parecer, se-

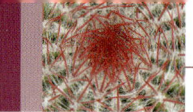
paraba los reinos guanches de Maxorata y Jandía. Actualmente solo se conservan algunos tramos y, adosadas al muro, algunas viviendas o construcciones prehispánicas. Algunos historiadores sostienen que el antiguo nombre de Fuerteventura, Erbania, procedía precisamente de la voz bereber *bani*, que significa muro.

Desde la FV 2, una carretera secundaria lleva hasta el extremo opuesto del istmo (solo 5 km), donde se halla el núcleo de La Pared. Y muy cerca se encuentra la **playa de Ugán,** que merece ser destacada como una de las playas más excepcionales de Fuerteventura, quizás la más impactante: solitaria, sin alteraciones urbanísticas a su espalda, de fina arena negra y flanqueada por unas singulares formaciones volcánicas. Desde esta playa se puede llegar andando hasta otras recónditas calas muy cercanas, como **playas Negras** o la **playa de Terife.**

▌PENÍNSULA DE JANDÍA   **✱✱**

De nuevo en la FV 2, la carretera se adentra ya en la **península de Jandía,** esa especie de apéndice meridional de Fuerteventura.

El sector más próximo al istmo muestra un paisaje desolador, **El Jable,** un llano arenal de enormes dimensiones.

Allí se encuentra **Costa Calma,** que junto a Morro Jable son los dos los mayores centros turísticos

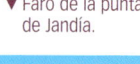

▼ Faro de la punta de Jandía.

de la isla, con grandes concentraciones de hoteles, apartamentos y servicios turísticos en general. El inhóspito territorio de la península de Jandía ha estado secularmente muy poco habitado, hasta que el turismo dirigió su mirada hacia allí y valoró las ahora ya famosas playas del sur de Jandía.

La autovía atraviesa El Jable y se dirige hacia el sur precisamente para llegar hasta **Morro Jable.** Ni en esta localidad ni en Costa Calma hay mucho que ver, pero sí cuentan con infinidad de servicios de ocio. Entre ambas, las largas *playas* de *Sotavento* y de *Butihondo* conforman algunos de los parajes más conocidos y promocionados de Fuerteventura.

Después de Morro Jable, una pista forestal permite continuar hasta el extremo más occidental de la península, la *punta de Jandía*. El recorrido es bellísimo. Varios caminos llevan a playas aisladas, generalmente vacías, que merecen una visita. En aproximadamente una hora se llega hasta **Puertito de la Cruz,** un desordenado núcleo de pescadores, con algunos restaurantes, desde el que puede accederse hasta el **faro de Jandía.** En el faro se ha ubicado un interesante **Centro de Interpretación del Parque Natural de Jandía**, con fotografías, videos y paneles explicativos sobre la geología, la flora, la fauna y el paisaje de este espacio natural.

· · · · · · · ·

Oficina de Turismo de Pájara. Morro Jable.
✉ Avda. El Saladar (Centro Comercial Cosmo, local 81B).
☎ 928 540 776.
🌐 https://visitjandia.es

· · · · · · · ·

Centro de Interpretación del Parque Natural de Jandía
✉ Faro de Jandía.
☎ 928 858 998.
🌐 https://museos fuerteventura.com
🕐 Cerrado temporalmente por obras.

▼ Morro Jable.

Un recorrido por el **centro** de la isla

En radical contraste con los grandes centros turísticos de sol y playa, las poblaciones del centro de la isla conservan su carácter más genuino, con atractivas muestras de arquitectura tradicional canaria. Así, un recorrido por la zona permite conocer algunas de las más atractivas localidades de Fuerteventura, pero también sumergirse en el quehacer cotidiano de los isleños. El paisaje es árido, con escasa vegetación, y adolece de las espectaculares formaciones volcánicas con que cuentan las otras islas del archipiélago, pero ofrece sorpresas constantes, aspectos insospechados que otorgan a esta isla una fuerte personalidad.

I AMPUYENTA

La carretera FV 20 sale de Puerto del Rosario para adentrarse hacia el interior de la isla. Discurre entre un paisaje árido, poco atractivo. A unos 11 km se llega al diminuto núcleo de **Casillas del Ángel,** una aldea que comenzó a desarrollarse gracias a la agricultura y la ganadería entre los siglos XVII y XVIII. Su pintoresca **iglesia de Santa Ana** data de la segunda mitad del siglo XVIII y muestra una singular fachada de cantería negra realizada con piedra de los volcanes del norte de la isla.

Poco después de Casillas del Ángel se llega a **Ampuyenta.** Aquí hay que detenerse a conocer la **ermita de San Pedro de Alcántara,** del siglo XVIII, que es una de las más bellas de la isla. Del exterior llama la atención su muro almenado o barbacana, mientras que en el interior destacan un espléndido retablo de madera policromada, algunos elementos de mobiliario del siglo XVIII y, sobre todo, sus lienzos y murales, de notable riqueza artística y que han otorgado al templo el simpático sobrenombre de "la Capilla Sixtina" de Fuerteventura.

La pequeña localidad de Ampuyenta es cuna de algunos ilustres majoreros, como Andrés García Acosta, más popularmente conocido como Fray Andresito, un religioso nacido en 1800 que realizó gran parte de su obra benéfica en Chile, donde es una figura muy admirada y se le atribuyen diversos milagros y hechos extraordinarios.

Otro hijo de Ampuyenta fue el doctor Mena, o Antonio Tomás de San Pedro Alcántara Mena y Mesa,

I Planificación de la visita

Proponemos ahora un itinerario circular por las localidades del centro de la isla, de nuevo con **Puerto del Rosario** como punto de partida.

Desde la capital insular hay que tomar la carretera FV 20 en dirección a **Antigua** y **Tuineje.** En esta última población se accede a la carretera FV 30, hacia **Pájara,** desde donde la misma carretera toma dirección norte y comienza un ascenso por la zona más montañosa y agreste de la isla.

Allí se encuentra **Betancuria,** el núcleo de mayor empaque histórico y monumental de Fuerteventura. Tras visitar esta localidad se continúa hacia el norte para enlazar de nuevo con la FV 20, que lleva al punto de partida de la ruta.

Las estrellas (✶ o ✶✶) que acompañan a los monumentos y lugares de interés hacen referencia, respectivamente, a su importancia (**Antigua** ✶) o especial interés (**Betancuria** ✶✶).

◀ Hospital de Caridad de San Conrado y Gaspar (Ampuyenta).

De molinos y molinas

Tanto en Ampuyenta como en las aldeas del entorno pueden verse algunas interesantes muestras de arquitectura tradicional relacionadas con la secular actividad agrícola y ganadera. Destaca, por ejemplo, la **molina del Almácigo,** una pequeña *molina* de planta cuadrangular, de seis aspas y paramentos de piedra y cal.

El molino de viento tradicional, que en esta isla recibe el nombre de molino macho, es un edificio de mampostería realizado con piedra, barro y cal, de planta circular y forma troncocónica, coronado por una techumbre de madera en la cual se colocan las aspas; suele ser de dos plantas (a veces tres): en las inferiores se guardaban las herramientas del molinero y el grano, mientras que en la superior se halla la maquinaria de molturación; la mayoría tenían cuatro aspas, pero los había con seis.

La *molina* es otro típico molino de viento, de dimensiones más reducidas, que también se utilizaba para moler grano. Es una invención más moderna, del siglo XIX, y tiene una sola planta cuadrada o rectangular en la que se realizaba toda la actividad y el almacenaje. Las hay dispersas por numerosos puntos de la isla y forman parte del paisaje rural más tradicional de Fuerteventura.

nacido en 1802 en el cercano caserío de Buen Lugar. Estudió medicina en La Habana y París, donde residió varios años. Al regresar a su localidad natal se dedicó a la medicina en la isla y adquirió una enorme reputación no solo como médico sino también por su labores humanitarias. Hoy puede visitarse en La Ampuyenta la **Casa museo del Doctor Mena,** una casa de grandes dimensiones conocida por los lugareños como casa de los Alfaros o casa de la Cuesta. En su interior se conserva todo el mobiliario e instrumental que utilizó el doctor, y constituye por tanto un interesante escaparate de la historia de la medicina. De paso, la visita permite conocer

Casa museo del Doctor Mena
✉ Crta. Gral. de Ampuyenta. Ampuyenta.
☎ 928 858 998.
🌐 visitfuerteventura.es

▲ Vista de la localidad de Antigua.

una característica casa rural acomodada del siglo XIX. Sorprende el lujo de la vivienda, los cortinajes, tapices, cuadros, vajillas de la Cartuja y grandes jarrones decimonónicos.

❙ ANTIGUA ✳

Situada en el centro geográfico de la isla, la localidad de **Antigua** se convirtió en un notable caserío muy poco tiempo después de la invasión castellana. De hecho, la zona se hallaba ya anteriormente muy poblada, tal como demuestran numerosos restos arqueológicos descubiertos en los barrancos del entorno de la población. En ellos se han hallado primitivas viviendas que se construían semienterradas en la tierra para obtener unas mejores condiciones ambientales en su interior.

La céntrica ubicación de Antigua la convierte enseguida en paso casi obligado entre la antigua capital insular, Betancuria, y los puertos de la costa oriental de Fuerteventura. Esta ventaja, junto con las óptimas tierras de la zona, favorecieron su pronto desarrollo económico y demográfico, y en 1785 se convirtió en parroquia independiente, desligándose de Betancuria. Entre 1834 y 1835 la localidad llegó incluso a ser capital de Fuerteventura.

Aún hoy Antigua es una de las principales localidades de la isla. Ciertamente, no puede ni quiere competir en bullicio y dinamismo con los centros turísticos del litoral, pero en cambio es un buen

lugar para conocer el quehacer cotidiano y el auténtico carácter majorero.

En el casco urbano puede visitarse la **iglesia de Nuestra Señora de la Antigua,** un templo del siglo XVIII que muestra las clásicas características de la arquitectura franciscana.

Tanto en Antigua como en los caseríos de sus alrededores pueden descubrirse numerosas muestras de viviendas populares, molinos de gofio y otros elementos arquitectónicos de estampa sencilla pero que reflejan perfectamente la adaptación de los majoreros a un medio nada favorable. Para saber un poco más sobre la vida tradicional en la zona puede visitarse el **Molino de Antigua,** un viejo molino de gofio recuperado que muestra el interior y la maquinaria de estas construcciones tradicionales. En el complejo, rodeado de un vistoso **jardín** de flora autóctona, se ha instalado el **Museo del Queso Majorero,** con información sobre la cultura ganadera y quesera de Fuerteventura, que parte de las características naturales de la isla, prestando especial atención a su fauna y flora.

Antigua se considera la capital de la artesanía majorera, y aún se trabajan en esta localidad los bordados, el calado, la cestería, la cerámica, la talla de madera, etc.

▎TISCAMANITA

La misma carretera FV 20 prosigue hacia el sur entre un paisaje escasamente humanizado, y pasa entre los modestos caseríos de Valle de Ortega y Agua de Bueyes antes de llegar a **Tiscamanita.**

Este es también un pequeño caserío disperso, de larga vocación ganadera que aún hoy se manifiesta con el excelente queso artesanal de cabra que allí puede adquirirse.

En los últimos años la economía del lugar se ha decantado hacia un singular cultivo: el aloe vera, una planta de reconocidas propiedades medicinales y cosméticas que una empresa local ha sabido aprovechar para la elaboración de distintos productos. Así, en el entorno de Tiscamanita pueden verse extensas plantaciones de aloe vera que se cultiva de forma ecológica.

Este tipo de cultivos son el presente, pero para conocer el pasado reciente de la zona conviene visitar su **Centro de Interpretación de los Molinos.** Se trata de una casa tradicional del siglo XIX muy bien rehabilitada como centro de interpretación de la vida rural de antaño en la isla. En ella se exhiben todo tipo de singulares aperos agrícolas y utensilios

Molino de Antigua y Museo del Queso Majorero
✉ Virgen de Antigua, km 20.
☎ 928 878 041.
🖥 https://museoqueso majorero.es
🕐 De lunes a domingo, de 10 h a 18 h.

Centro de Interpretación de los Molinos
✉ Calle de la Cruz, 11. Tiscamanita.
☎ 928 164 275.
🖥 www.centrolosmolinos fuerteventura.es
🕐 Del 1 de mayo al 31 de octubre, de martes a sábado de 10 h a 18 h. Del 1 de noviembre al 30 de abril, de martes a sábado de 9.30 h a 17.30 h.

▶ Molino de Antigua.

La luz de Mafasca

Saliendo de Antigua por la carretera secundaria que se dirige a Puerto del Rosario, a la altura de la aldea de Triquivijate se llega a los llanos de Mafasca. Se trata de un amplio paraje de aridez extrema, donde apenas hay nada pero que es el escenario de la más famosa leyenda que se ha forjado en la isla. Entre los meses de noviembre a febrero, y sobre todo en años de lluvia, puede verse en el lugar una extraña luz que oscila del azul al rojo y se mueve errática en el horizonte, antes de desaparecer.

Al fenómeno luminoso se le ha buscado una explicación científica, pero la literatura popular lo ha atribuido desde siempre al alma errante de un pastor que, a falta de leña para cocinar, quemó la madera de una cruz y murió aquel mismo día; su alma vaga desde entonces por los inhóspitos parajes de Mafasca.

domésticos, que permiten una aproximación al estilo de vida de los pobladores de la casa hace más de un siglo. En el molino de gofio anexo se explica la evolución de las técnicas de moler trigo para elaborar gofio, desde el método manual o el uso de animales hasta el aprovechamiento de la fuerza del viento que azota esta zona central de la isla (casi siempre muy intenso aquí).

Además del Centro de Interpretación de los Molinos, en Tiscamanita puede visitarse la **ermita de San Marcos Evangelista**, una construcción muy sencilla, de estilo franciscano, de finales del siglo XVIII, cuyo interior alberga dos retablos de notable valor artístico.

TUINEJE

Tuineje es otra de las localidades cabeza de municipio situadas en el centro de la isla pero cuyo principal sostén económico ha basculado desde las últimas décadas del siglo pasado hacia la costa, debido al desarrollo del turismo. **Gran Tarajal,** en la costa oriental de la isla, es el gran centro turístico de este municipio.

La capital municipal debe gran parte de su antiguo desarrollo a la población morisca que llegó aquí a trabajar en condiciones de esclavitud, una presencia que aún hoy tiene su reflejo en una singular arquitectura de casas de color tierra. Por otro

▼ Gran Tarajal.

lado, la perfecta disposición de Tuineje como nudo de comunicaciones también ha contribuido históricamente a su desarrollo como una de las principales poblaciones de Fuerteventura.

La villa no tienen demasiado interés turístico, aunque puede visitarse la **iglesia de San Miguel Arcángel,** del siglo XVIII, con una esbelta torre campanario de color blanco que otorga una bella estampa al conjunto. En la **Casa de las Simonas,** edificio tradicional del siglo XVIII, se ha instalado el centro de interpretación de las batallas de El Cuchillete y Tamasite.

I PÁJARA

En Tuineje hay que dejar la carretera FV 20 para tomar la FV 30 y dirigirse hacia el noroeste. El terreno se hace a partir de aquí más agreste y el paisaje más interesante, igualmente árido pero con pequeños oasis a la más pura semejanza del desierto africano.

El objetivo es Pájara, pero primero se pasa por el caserío de **Toto,** una encantadora aldea que conserva plenamente su tradicional estampa y muestra las dificultades para subsistir en medio de un paisaje desolado donde aún perviven las plantaciones de secano.

Pájara es la capital del municipio más extenso de la isla, aunque es una población pequeña. Ha ido creciendo alrededor de su **iglesia de la Virgen**

▲ Iglesia de la Virgen de la Regla en Pájara.

▼ Ermita de Nuestra Señora de la Regla en Vega de Río Palmas.

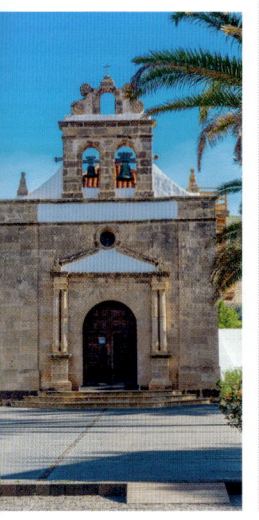

de la Regla, un templo originario de finales del siglo XVII pero con posteriores modificaciones que le aportan un cierto aire colonial. Un paseo por las calles adyacentes al templo permite ir descubriendo buenas muestras de **arquitectura popular,** con casas de piedra culminadas con techumbre de torta (de barro y caña).

AJUY ✳

Desde Pájara ya se puede descender hasta varios puntos del litoral occidental de la isla. Este sector de costa es rocoso y escarpado, con muy escasas playas. Sin embargo, esconde un rincón muy atractivo: la diminuta aldea de **Ajuy** y su playa, a 9 km de Pájara.

El caserío de Ajuy conserva perfectamente su primitiva estampa de pueblo pesquero, ajeno al turismo de masas que tanto ha alterado otros puntos del litoral de Fuerteventura. Su magnífica **playa** de arena negra es tranquila y poco concurrida, y a este atractivo hay que sumar la posibilidad de comer aquí pescado fresco en algunos de los cuatro o cinco restaurantes con que cuenta el caserío.

En un breve paseo que arranca desde el extremo norte de la playa se llega hasta dos curiosas **cuevas** naturales abiertas en el acantilado. El recorrido hasta ellas bordea los acantilados que forman este sector de la costa y permite unas vistas impresionantes.

Ajuy tiene el honor de ser el lugar donde desembarcaron los conquistadores normandos de Fuerteventura en 1402.

VEGA DE RÍO PALMAS

Después de Pájara, la carretera FV 30 comienza un ascenso hacia la zona más elevada y agreste de la isla y se adentra en la extensa área protegida del **Parque Rural de Betancuria.** Es una zona de elevaciones modestas pero importantes en el contexto insular. Su cota máxima alcanza los 764 m en el Morro Jana.

En el camino conviene detenerse en lo alto del **mirador de Morro Velosa** y contemplar desde allí, mapa en mano, gran parte de la isla y el perfil de la vecina Lanzarote. El edificio allí existente fue el último que diseñó el famoso arquitecto lanzaroteño César Manrique.

Tras la sinuosa subida, la carretera llanea a través del barranco de Río Palmas, que da vida a una fértil vega salpicada de palmerales y pequeñas explotaciones agrarias, una de las zonas de más antiguo

El Parque Rural de Betancuria

Desde 1994 una amplia extensión de territorio alrededor de la localidad de Betancuria se halla protegida, por sus valores geomorfológicos y etnográficos, bajo la figura de Parque Rural.

Se trata de la zona más agreste y montañosa de Fuerteventura, con afloramientos y coladas volcánicas de gran interés geológico. Su apariencia inhóspita y su relieve muy erosionado lo hacen poco atractivo a primera vista, pero en realidad esconde una notable belleza paisajística, en especial por el peculiar cromatismo de las rocas volcánicas y por la alternancia de lomos de aspecto suave con agrestes barrancos.

Los peñascos y montañas son el hábitat de diversas plantas rupícolas amenazadas y protegidas. Salvo en el denominado pinar de Betancuria, la vegetación se caracteriza por un tapiz herbáceo poco denso y un matorral formado principalmente por aulagas, cardones, salados y tabaibas. En los fondos de los barrancos se encuentran tarajales, palmeras, cañas, juncos, etc.

Y cuenta también con una notable riqueza fáunica: insectos, anfibios, reptiles, gran variedad de aves, cabras, ardillas, ratones, murciélagos, erizos y conejos. En las zonas costeras habitan aves marinas y limícolas como la gaviota, la pardela y otras muchas. En la presa de Las Peñitas nidifican la polla de agua y la focha común.

El otro aspecto más interesante del parque es la presencia de elementos que reflejan la humanización histórica del paisaje, como gavias, sistemas de riego, norias, hornos de cal, corrales, caserones, etc.

asentamiento humano en la isla. Allí se encuentra el caserío de **Vega de Río Palmas.** Entre sus escasas viviendas pueden verse algunos interesantes ejemplos de arquitectura majorera tradicional, pero lo más interesante del lugar es sin duda la **ermita de Nuestra Señora de la Peña.** Es un templo levantado en el siglo XVII a partir de una legendaria aparición de la Virgen en el lugar. Su estructura es sencilla pero muy elegante, con una fachada hecha en cantería. Y su interior es especialmente interesante. En él se guarda la talla de la Virgen titular del templo, que es la patrona de Fuerteventura, realizada en alabastro según los cánones del gótico francés. También hay que prestar atención al artesonado de la cubierta.

Cada tercer domingo de septiembre se celebra aquí una concurrida romería y puede verse una buena muestra de las manifestaciones folclóricas de la isla.

· · · · · · ·
**🛈 Oficina de Turismo
de Betancuria**
✉ Juan de Bethencourt, 6.
Ayuntamiento.
☎ 928 878 092.
🌐 https://visitbetancuria.com

▼ Iglesia de Betancuria.

| BETANCURIA ✸✸
No cabe duda de que esta es la población más emblemática y de mayor relieve histórico de Fuerteventura. Está situada en el centro de la isla, sobre el barranco del mismo nombre, y fue fundada en 1404 por los primeros conquistadores europeos, Gadifer de la Salle y Jean de Bethencourt; este último da nombre a la localidad. Es una población pequeña

(816 habitantes) y de marcado carácter rural, pero que concentra un núcleo de gran valor arquitectónico, catalogado como Conjunto Histórico Artístico.

Desde su fundación fue la capital de la isla. A comienzos del siglo XVIII el gobierno militar se trasladó a La Oliva y posteriormente dejó de ser parroquia única en la isla, pero fue ya en el siglo XIX, con la progresiva disolución del Antiguo Régimen, cuando comenzó a perder su hegemonía insular, hasta que en 1834 perdió la condición de capitalidad (y sede del Cabildo Insular) en beneficio de Antigua.

El caserío se organiza en torno a la **iglesia de Santa María de Betancuria,** que comenzó a levantarse a partir de 1424 y adquirió la categoría de catedral, cuyo obispado regía sobre todo el archipiélago canario excepto Lanzarote. La obra original tenía un carácter gótico con influencias normandas, pero quedó destruida casi por completo en 1593, al igual que casi toda la población, a causa de un ataque de corsarios berberiscos. Así, del templo original apenas se conservan unos escasos restos en la torre campanario y en algunos puntos del interior. Su reconstrucción se inició en el siglo XVII, y sufrió diversas actuaciones posteriores hasta dotarle de la estampa que muestra actualmente. Por tanto, presenta un heterogéneo compendio de estilos gótico, renacentista e incluso mudéjar, además de su portada barroca. En la fachada posterior luce

▼ Calle de Betancuria.

•••••••
Museo Arqueológico
✉ Roberto Roldán, 21.
☎ 928 171 414.
🌐 https://museos
fuerteventura.com
🕐 De martes a sábado de 10 h
a 17 h.

•••••••
Museo de Arte Sacro
✉ Alcalde Carmelo
Silvera, s/n.
☎ 928 878 003.
🌐 www.aytobetancuria.org

•••••••
Casa Santa María
✉ Plaza Santa María, 1.
Betancuria.
☎ 928 878 282.
🌐 http://casasantamaria.net

un vistoso balcón típico. En el interior puede verse una notable colección de pinturas, el artesonado mudéjar de la sacristía, el pendón de la conquista y diversas tallas de interés, en especial la imagen de santa Catalina que trajeron los normandos a la isla.

Alrededor de este templo se estructura el núcleo más antiguo de callejuelas empedradas y casas encaladas, de aire colonial y pintoresca estampa. El interesante **Museo Arqueológico** custodia piezas arqueológicas de la cultura aborigen.

El **Museo de Arte Sacro** ocupa una antigua casa en la que destacan las techumbres de teja en el exterior y madera en el interior, el balcón situado sobre la puerta principal, con escalera de acceso desde la calle, y la cantería oscura de las esquinas. En sus salas se expone una importante colección de pinturas, esculturas, vestidos sacerdotales y piezas de orfebrería, representativas del arte sacro de la isla.

También destacan en este núcleo antiguo la **ermita de San Diego de Alcalá,** una edificación del siglo XVII pero que aún presenta una factura de estilo gótico normando, y la **Casa Santa María**, del siglo XVII, con magníficos jardines y un pequeño museo con antiguos útiles de labranza.

Ya algo más alejado, a la salida de la localidad, se hallan los restos del **convento franciscano de San Buenaventura,** fundado en el siglo XV y reconstruido dos siglos después. Tan solo queda en pie su estructura: muros, paredes, algunas ventanas góticas, arcos interiores y algunos pocos restos de la decoración. Fue el primer convento franciscano de todo el archipiélago canario y en él residió san Diego de Alcalá.

▌LLANOS DE LA CONCEPCIÓN

Inmediatamente después de atravesar Betancuria, la carretera FV 30 inicia un apresurado descenso a través del *valle de Santa Inés*. Pasa primero por la localidad de este mismo nombre, antes de llegar a **Llanos de la Concepción.** La **ermita de Nuestra Señora de la Concepción,** de singular estampa, fue construida entre 1784 y 1796. Pero en esta pequeña población quizás lo más interesante son sus dos viejos molinos de viento para la molturación del grano, herencia de un pasado agrícola basado en el cultivo de cereales. Son el **molino de Nemesio,** de cuatro aspas, y el **molino de Lomo de Tetir,** de seis.

Poco después la carretera va a encontrarse con la FV 20 que lleva a Puerto del Rosario, lo que permite completar un perfecto itinerario circular por esta zona interior del centro de la isla.

El **norte** de **Fuerteventura**

El norte de Fuerteventura corresponde casi por completo al municipio de La Oliva, cuya capital, como ocurre en el resto de la isla, se halla emplazada en el interior y conserva los mejores elementos del patrimonio monumental de la zona. En cambio, el bullicio hay que buscarlo en la costa, y en este caso muy especialmente en la población de Corralejo, que es el gran centro turístico del norte de la isla.

Esta zona septentrional es quizás el sector de la isla con unos parajes naturales más singulares, como la montaña de Tindaya, las dunas de Corralejo o la isla de Lobos, a lo que hay que añadir algunas de las mejores playas.

Planificación de la visita

Para este recorrido por el norte de la isla proponemos salir de **Puerto del Rosario** por la carretera FV 10 hacia el interior, en dirección a la localidad de **La Oliva.** La misma carretera lleva luego hasta **El Cotillo,** ya en la costa noroccidental. Desde El Cotillo hasta **Corralejo,** las pistas que discurren en paralelo a la costa norte dibujan uno de los trayectos más atractivos que pueden realizarse en Fuerteventura. Desde Corralejo salen los barcos que llevan hasta el pequeño **islote de Lobos,** una visita muy recomendable, al igual que lo es la del **Parque Natural de las Dunas de Corralejo.** Las estrellas (✱ o ✱✱) que acompañan a los monumentos y lugares de interés hacen referencia, respectivamente, a su importancia (**Tefía** ✱) o especial interés (**Corralejo** ✱✱).

TEFÍA ✱

La carretera FV 10 sale de Puerto del Rosario hacia el interior de la isla. Recorridos poco más de 9 km se llega a **Tetir,** una población ubicada en una fértil vega regada por el barranco de La Herradura, con tierras que tradicionalmente se dedicaron al cultivo de cereales. Su **iglesia de Santo Domingo de Guzmán** atesora un notable patrimonio escultórico y pictórico, con espléndidos ejemplos del arte popular del XVIII. Si se visita Tetir un primer domingo de mes se puede disfrutar de un pequeño pero muy interesante **mercado de artesanía,** en

el que también suele haber actuaciones de música típica de Canarias.

Viene a continuación el núcleo de La Matilla y poco después se halla un cruce a la izquierda que lleva en dirección sur hasta **Tefía** (7 km por la carretera FV 207).

Tefía es un poblado de poco más de 200 habitantes que se muestra como un **conjunto de arquitectura doméstica tradicional** perfectamente conservado, prácticamente sin alteración de obra moderna. Pueden verse aún numerosas casas con cubierta de cañas, ramas de tarajales sin hoja y tierra morada de la zona, conformando un paisaje sorprendente. Las casas están separadas por cercados de piedra que se destinaban a la plantación de tuneras, piteras, barrilla y para guardar el ganado, y también pueden verse numerosos caños que conducen las aguas pluviales hacia las coladeras y aljibes. En medio de todo ello está la **ermita de San Agustín,** tan sencilla como las viviendas, que data de principios del siglo XVIII; llama la atención el pequeño muro que la rodea, con una puerta de acceso de influencia mudéjar.

La etiqueta de museo al aire libre que suele ponerse a algunas poblaciones con un extenso patrimonio histórico es aquí literal, pues el **Ecomuseo de La Alcogida** abarca prácticamente todo el pueblo y permite conocer cómo era la típica explotación agropecuaria majorera, con siete viviendas representativas, la ermita, el **molino** de seis aspas, la **molina,** eras, aljibes, pajeros, muladares, enarenados y otros detalles constructivos; hay alpendes

Ecomuseo La Alcogida
✉ Ctra. FV 207, km 0,3.
☎ 928 175 434.
🖥 https://museos
fuerteventura.com
🕐 De martes a sábado,
de 10 h a 17 h.

▲ ◄ Molino de Tefía.
Construcciones típicas
de Tefía.

Tindaya y Chillida

La montaña de Tindaya comenzó a ser conocida fuera de la isla a raíz de un hecho reciente: a finales del siglo pasado apareció en la prensa la noticia de que el escultor vasco Eduardo Chillida había elaborado un proyecto artístico que consistía en horadar la montaña para crear un gran espacio cúbico en su interior, iluminado por dos grandes aperturas que permitirían la entrada de luz solar y el reflejo de la luna en el corazón mismo de la montaña.

El proyecto, que el propio artista definió como un "monumento a la tolerancia", generó un intenso debate desde el mismo momento en que se hizo pública la idea, con opiniones encontradas sobre la idoneidad de alterar este espacio natural. La falta de presupuesto, el fallecimiento del artista y la declaración de la monaña como Bien de Interés Cultural (BIC) en 2023 ha puesto fin a esta proyecto.

▲ Montaña de Tindaya y Casa de los Coroneles (La Oliva).

y gañanías para los animales, el taro del queso y la tahona con su horno de pan. Además, acoge diversas muestras de artesanía majorera (con realización *in situ*), como talleres de alfarería, calados, tejido, forja, latonería y cestería de palma, y de otras actividades agrícolas y ganaderas que formaban parte del quehacer diario de las gentes.

Tefía es, en definitiva, el mejor lugar para conocer cómo se vivía en Fuerteventura antes de la irrupción del turismo y el consiguiente desarrollo económico.

| LOS MOLINOS

Desde Tefía parte una estrecha carretera local que en 9 km desciende hacia la costa occidental de la isla. Lleva hasta el lugar de **Los Molinos,** un escueto núcleo con algunas pocas casas de pescadores al borde del mar y un popular restaurante.

Allí puede disfrutarse de una agradable y poco concurrida playa, rodeada de impresionantes acantilados. Como en todo este sector occidental de la isla hay que ser aquí precavidos con el baño, pues el oleaje suele ser fuerte.

| TINDAYA

Retomando la FV 10 en dirección a La Oliva, enseguida se observa a la izquierda la singular *montaña de Tindaya,* cuyo perfil se ha convertido en uno de los emblemas de la isla. A sus pies está el modestísimo caserío del mismo nombre, con una ermita del siglo XVIII de típica arquitectura majorera. Unos 3 km al sur del pueblo, en la ladera de Montaña Quemada, se encuentra el **monumento a Miguel de Unamuno**, desterrado en la isla durante unos meses en 1924.

La montaña de Tindaya se muestra como un cono volcánico muy erosionado. Solitaria y de imponente estampa, alcanza los 401 metros de altitud sobre la superficie llana del noroeste de Fuerteventura. Ha sido declarada Monumento Natural y Bien de Interés Cultural, pues además de su interés paisajístico y ambiental tiene también un notable valor histórico, ya que en sus laderas hay un singular conjunto de cerca de 300 grabados rupestres realizados por los aborígenes de la isla, que presentan una enigmática estampa podiforme. Al parecer, Tindaya fue para la población aborigen un lugar relacionado con el culto religioso, e incluso algunas teorías afirman que pudo existir allí una especie de "observatorio astronómico" mediante el que los pobladores prehispánicos calculaban cuándo venían las épocas de lluvias u otros aspectos climatológicos. Y además de los grabados, en la montaña han sido hallados numerosos restos arqueológicos: piezas de cerámica, conchas talladas, huesos y utensilios de diversos tipos.

| LA OLIVA ✳

El municipio de La Oliva ocupa todo el norte de Fuerteventura y su capital se ubica en el centro de este sector septentrional. Se trata de una de las poblaciones de mayor abolengo de la isla, que incluso llegó a ser capital insular durante algunos años, y ello se manifiesta en la existencia de algunos

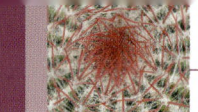

▲ Iglesia de la Candelaria, en La Oliva.

Casa de los Coroneles
- ✉ Coroneles, 28. La Oliva.
- ☎ 928 868 280.
- 🔗 https://lacasadelos coroneles.org
- 🕐 Temporalmente cerrada por rehabilitación.

Museo del Grano La Cilla
- ✉ La Orilla, 5.
- ☎ 928 858 998.
- 🔗 www.lacilladelaoliva.org
- 🕐 De martes a sábado de 10 h a 17 h.

elementos monumentales especialmente destacables. Su topónimo procede de los olivos que hubo en la zona en tiempos pasados.

Cuenta con una de las iglesias más vistosas de la isla, **Nuestra Señora de la Candelaria,** levantada en el siglo XVIII. El templo consta de tres naves principales y una esbelta torre campanario de piedra negra que antaño tuvo también funciones de torre de vigilancia.

Algo apartada del núcleo urbano se halla la casa de la Marquesa, más conocida como **casa de los Coroneles,** que probablemente sea el edificio civil más importante de Fuerteventura y uno de los más destacados de todo el archipiélago canario. Fue construida en el siglo XVII como residencia para los coroneles, una figura del estamento militar pero que aquí ostentaba también el poder civil, por lo que era de facto la máxima autoridad de la isla. Sus dimensiones son enormes, más aún si se la compara con las modestas viviendas características de la isla. Consta de dos plantas, con ocho balcones canarios de bella factura en la segunda planta de la fachada principal; en los dos extremos de esta fachada se levantan sendas torres almenadas, poco más altas que el resto del edificio; sobre el portón de entrada luce el escudo de armas de la familia Cabrera-Bethencourt. La casa se destina actualmente a albergar exposiciones itinerantes de diversa índole, lo que permite también conocer el interior, donde destacan la plaza de armas con el aljibe y las caballerizas.

Construida en 1819, la **casa de La Cilla** servía para almacenar las cosechas y es un perfecto exponente de la arquitectura rural majorera. Hoy alberga un interesante **Museo del Grano** que muestra de forma amena y didáctica la historia de la actividad agraria en la isla, en especial de la cultura generada en torno a la obtención de cereales. En su interior se exponen aperos de labranza, textos y fotografías que ayudan al visitante a comprender la importancia que antaño tuvo el grano y el ingenio del agricultor majorero para explotar unas tierras tan áridas.

I EL COTILLO   ✳

Desde La Oliva, la carretera FV10 se dirige hacia la costa noroccidental de la isla. Allí se encuentra **El Cotillo,** un antiguo núcleo de pescadores que lentamente ha ido viendo alterada su fisonomía con nuevas viviendas residenciales, aunque nada tiene que ver con los grandes centros turísticos de Fuerteventura y aún se presenta como un caserío entrañable. Y eso es algo que sorprende, pues en la zona hay algunas de las playas más bellas de la isla. En el puerto todavía es frecuente ver a los pescadores descargando sus capturas y, desde luego, El Cotillo sigue siendo un buen lugar para ir a comer en alguno de sus restaurantes especializados en productos del mar.

Cerca del puerto pesquero se halla la **torre del Tostón,** un emblemático torreón defensivo construido en 1743, de planta circular y aspecto achatado, que tras una necesaria restauración alberga hoy un espacio para exposiciones itinerantes. Se accede a ella mediante unas breves escaleras de cantería y un puente levadizo de madera. También se puede

▼ Puerto de El Cotillo.

subir a lo alto y comprobar la visibilidad que tenía la guardia sobre el litoral para advertir de la llegada de barcos corsarios.

A los pies de la torre se extiende la ***playa del Tostón*** o ***del Castillo,*** no excesivamente frecuentada debido a los fuertes vientos y el oleaje que suelen azotar la zona. Es, en cambio, un lugar ideal para los amantes del windsurf. Hay otras playas en la zona, todas igualmente atractivas y nada masificadas, como la ***playa del Aljibe,*** al sur.

Una breve carretera se dirige desde El Cotillo hacia el norte, en paralelo al escarpado litoral, hasta la ***punta de la Ballena*** (a 5 km). Allí se halla el **faro de Tostón,** emplazado en medio de un desértico paraje. Su función era la de ayudar a los barcos

▼ Playa cercana a El Cotillo, paraíso de los amantes del surf o windsurf por la calidad de sus olas y el viento que favorece estas prácticas deportivas.

que surcaban el estrecho de la Bocayna, que separa las islas de Fuerteventura y Lanzarote. Se trata en realidad de tres faros, levantados sucesivamente para incrementar su funcionalidad: el primero, que incluye la casa del farero, se inauguró en 1897, pero apenas medía 6,5 metros de altura; a principios de la década de 1960 se construyó una segunda torre, de sección octogonal y 13,25 m de altura; y en 1985 hubo que levantar una tercera de 37,30 m.

Hoy todo el complejo acoge el **Museo de la Pesca Tradicional de Fuerteventura,** que da a conocer la vinculación de los majoreros con el mar desde la etapa prehistórica hasta la actualidad; la visita al museo permite, además, subir a una de las torres.

Museo de la Pesca Tradicional de Fuerteventura
✉ Faro del Tostón.
☎ 928 858 998.
🌐 https://museos fuerteventura.com
🕐 Cerrado temporalmente.

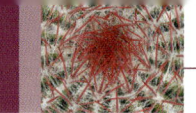

Cerca del faro arranca una pista forestal que recorre todo el extremo septentrional de la isla junto a la costa, hasta Corralejo. No es un camino difícil para ningún tipo de vehículo y, en cambio, permite conocer la que, sin duda, es una de las zonas más bellas de la isla, con magníficas playas y roquedos completamente libres de edificaciones. La costa es recortada y rocosa, con pequeñas calas donde el jable (la fina arena blanca) forma *playas* preciosas, como la de *Los Lagos* o la de *El Marrajo*, paraísos del nudismo.

I CORRALEJO

Desde El Cotillo hasta Corralejo se puede ir o bien por la pista forestal que discurre junto a la costa o bien por carretera, por el interior. En cualquier caso, se pasará del extremo noroccidental a la esquina nororiental de la isla. Y los dos puntos son bien distintos: mientras que en El Cotillo el desarrollo urbano es muy moderado, Corralejo se ha convertido en uno de los principales núcleos turísticos de la isla.

La primera impresión cuando se llega a **Corralejo** puede ser decepcionante. La sucesión de hoteles, apartamentos y otras infraestructuras turísticas que rodean el casco antiguo invitan a dar la vuelta y salir de allí. No lo haga. Hay que sortear todos estos edificios para llegar al núcleo antiguo de Corralejo, que se extiende frente a una amplia bahía. Allí la localidad conserva aún un cierto aire de antiguo núcleo de pescadores, y cuenta con un puerto deportivo y un bello paseo marítimo jalonado de restaurantes, cafeterías, tiendas, etc.; el conjunto conforma un espacio realmente agradable.

De todas formas, no cabe duda de que lo más interesante de Corralejo se encuentra al sur del núcleo urbano: las *dunas de Corralejo.*

I PARQUE NATURAL DE LAS DUNAS DE CORRALEJO ★★

Las 2.760 hectáreas del **Parque Natural de las Dunas de Corralejo** conforman un espacio cubierto de dunas de jable de unos 8 km de longitud (de norte a sur) y que desde la costa se extiende unos 3 km hacia el interior. Forma un paisaje tan bello como cambiante (el viento modifica constantemente la disposición del arenal) y tiene además un alto valor ambiental: cuenta con numerosas especies de flora autóctona canaria de litoral y es lugar de paso y de invernada de numerosas especies de aves migratorias.

Oficina de Turismo de Corralejo
Avda. Marítima, 16.
928 866 235.
https://visitcorralejo.com

◄ Faro del Tostón.

Se trata de uno de los paisajes más singulares de la isla, por lo que debe incluirse entre las prioridades del viajero. Lo mejor es disfrutar de su fachada litoral, con sus amplias playas, de fácil acceso y de estampa idílica. Indispensable.

ISLOTE DE LOBOS ✶✶

Desde el puerto de Corralejo parte el servicio de lanchas que en menos de media hora lleva hasta este islote situado frente a la bahía.

Deshabitado y protegido bajo la figura de Parque Natural, constituye una valiosa reserva de la naturaleza (tanto el territorio como sus aguas), pero también un auténtico paraíso para los bañistas que pretenden huir de las aglomeraciones y buscan el contacto más puro con la naturaleza, para disfrutar de impresionantes playas de arena fina y aguas transparentes.

Puede decirse que se trata de uno de esos rincones que parecen hechos adrede como modelo ideal para todo bañista.

EL JABLITO

Ya más al sur de las dunas de Corralejo, la carretera FV 1 llega a la urbanización Parque Holandés. Desde la rotonda que facilita el acceso al lugar se puede

▼ Parque Natural de las Dunas de Corralejo.

tomar también una modesta carretera que se dirige al mar. El destino es el pequeño y tranquilo caserío de **El Jablito,** formado por casas de una o dos alturas, algunas típicas de pescadores.

Queda emplazado frente a una bahía natural muy bien protegida del oleaje, y cuenta con una pequeña playa de arena blanca y aguas cristalinas, otro buen lugar para un chapuzón. También es un buen punto para practicar el buceo y varias escuelas hacen sus inmersiones desde aquí.

I PUERTO LAJAS

De similares características a El Jablito es **Puerto Lajas,** aunque este último ya se encuentra situado mucho más cerca de la capital insular. Se trata de un pequeño núcleo costero ajeno a las grandes aglomeraciones turísticas y que aún conserva su tradicional atmósfera de puerto de pescadores. Hay allí un acogedor restaurante con una terraza frente al océano que invita a sentarse para disfrutar a buen precio de un pulpo, unas lapas o algún otro producto de estas costas.

Cerca de Puerto Lajas, pero hacia el interior, se abre el *valle de Guisguey,* en el que pueden verse desparramadas algunas de las mejores muestras de arquitectura rural tradicional de la isla.

▼ Playa del Corralejo con el islote de Lobos enfrente.

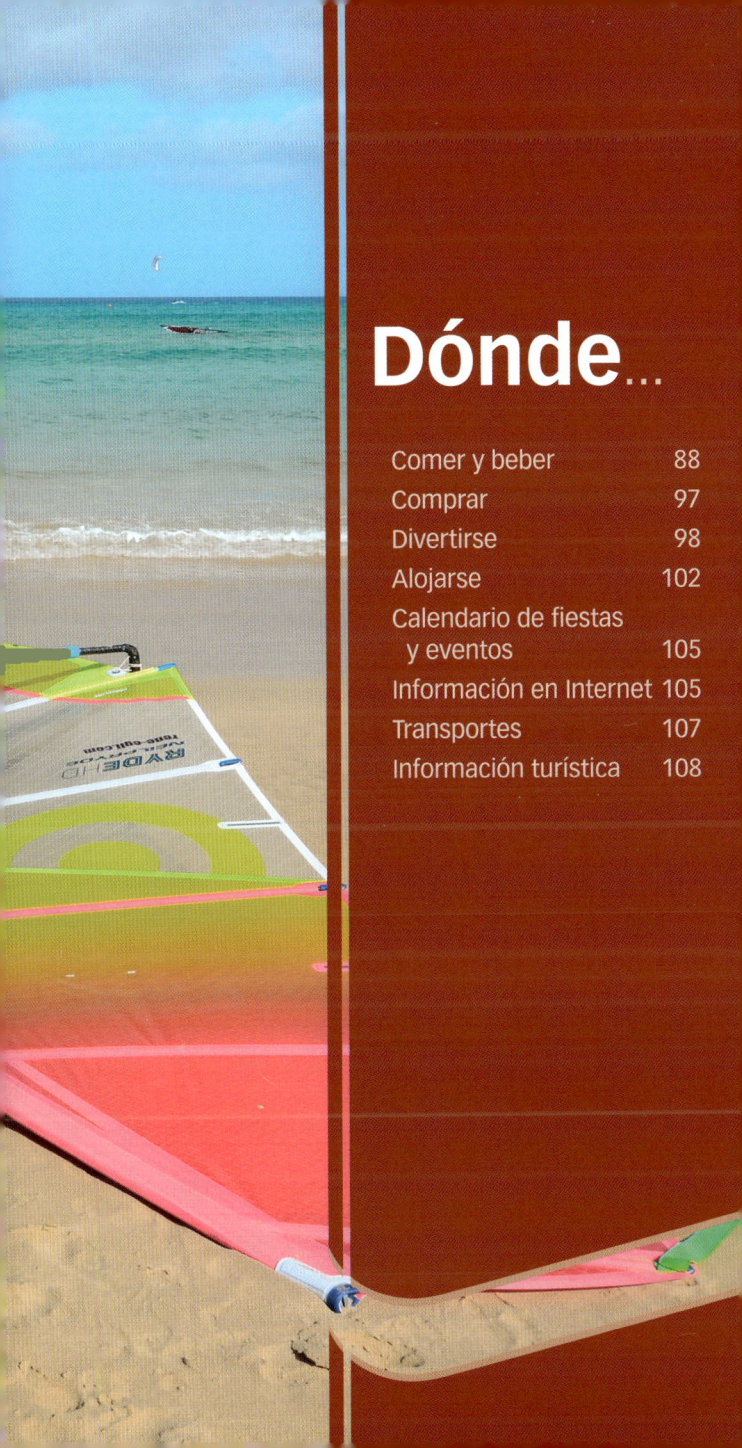

Dónde...

GASTRONOMÍA

El clima semiárido de Fuerteventura limita de manera contundente una producción agrícola que secularmente se ha enfocado casi en exclusiva al cultivo de cereales de secano. Poco más. Esto, evidentemente, tiene su reflejo en la cocina: la gastronomía insular tradicional es sencilla, basada en los escasos productos que puede ofrecer la isla –y el mar–. Aun así, hay algunos elementos muy característicos, y algunos alimentos que deben probarse, porque también en materia gastronómica Fuerteventura ofrece argumentos para disfrutar.

▌El gofio

Teniendo en cuenta que, como se ha dicho, la producción agrícola de la isla se ha limitado históricamente casi a un monocultivo de cereales, no es de extrañar que el gofio sea protagonista fundamental de la alimentación de los majoreros, tanto que incluso se añade por la mañana al café con leche y se sirve a los niños pequeños mezclado con la papilla. Es, por tanto, de lo primero que debe hablarse en el capítulo gastronómico.

El gofio ha sido la base de la cocina majorera durante siglos y, de hecho, ya lo elaboraban los habitantes aborígenes de la isla. Se consume en todo el archipiélago canario, aunque su elaboración tradicional es ligeramente distinta en cada isla.

Se trata sencillamente de harina de grano tostado, básicamente de trigo, cebada o millo (maíz), molido a la piedra y con sal. Una vez amasada esta harina, suele acompañar a las sopas, caldos, potajes u otros platos típicos formando la textura de un paté. Es sencillo, pero de alto valor nutritivo, y en otras épocas fue sustitutivo del pan como alimento básico. Aún hoy es omnipresente en la dieta majorera:

desde el desayuno hasta guarnición para los platos principales de almuerzos o cenas. E incluso se elaboran postres con gofio, como el gofio amasado o la rapadura de gofio.

Mojos y papas

Tan tradicionales como el gofio son los mojos, quizás el elemento más universal de la gastronomía canaria en general y casi siempre lo primero que se sirve al comensal nada más sentarse a la mesa. Los mojos son la principal seña de identidad de la cocina canaria.

El mojo es una salsa ligeramente picante, que se elabora fundamentalmente con pimiento, ajos, aceite y vinagre, aunque en realidad, tanto en esta isla como en las otras, las variedades y matices de mojos son infinitas, en base a las proporciones de cada ingrediente u otros matices que pueda introducir cada elaborador.

Los hay de dos tipos, el mojo rojo (con ajo, guindilla y pimentón), que se usa sobre todo para acompañar las carnes, y el verde (con ajo, cilantro y perejil), que es menos picante y acompaña al pescado.

Generalmente, el mojo se sirve junto con las famosas *papas* (patatas) arrugadas. *Papas* y mojo son un clásico en todas las islas del archipiélago, y se sirven como guarnición del pescado o la carne.

Las *papas* arrugadas son pequeñas patatas que se hierven sin pelar en agua de mar hasta que el agua se evapora; se dejan con la sal incrustada, lo que les da el aspecto arrugado del que proviene su nombre. Aunque en Fuerteventura no se cultiva, la patata es la reina de los productos hortícolas de Canarias. El archipiélago fue el primer lugar donde se cultivaron al ser traídas desde el continente americano y, debido al aislamiento, la *papa* o patata canaria apenas ha sufrido variaciones desde entonces. Es de talla pequeña y piel fina, y está presente en infinidad de platos típicos en todo archipiélago, aunque sin duda la forma más conocida de prepararlas es esta de las *papas arrugás*.

También son célebres las batatas (boniatos) con mojo, pero solo las hay durante una breve temporada. Su sabor, mucho más dulce que el de la patata, se complementa perfectamente con los mojos picantes.

Potajes

Los potajes en general son algo muy característico de la cocina canaria. En Fuerteventura, por ejemplo, los domingos o festivos se suele servir un puchero,

una especie de potaje a base de varios tipos de verdura (principalmente zanahorias, *papas*, maíz, col y garbanzos) y carne (según la receta original, siete clases de carne). Las verduras se cuecen por separado en agua salada y se sirven con la carne en el mismo plato. Al sabroso consomé que resulta de la cocción se le suele añadir gofio y se sirve junto con el potaje.

Más conocido es el típico rancho canario, con garbanzos, *papas*, panceta, carne de ternera y pollo.

El potaje canario de verdura suele realizarse a base de lentejas o garbanzos, y se sirve como primer plato. También es bastante habitual el potaje de berros.

❚ Carnes

Suele sorprender al viajero el hecho de que en una isla de dimensiones no muy grandes la carne ocupe un lugar más destacado que los productos del mar en la dieta tradicional. Esto ocurre en Fuerteventura, donde, sin duda alguna, la carne de cabra –o de cabrito– tiene un papel fundamental en la alimentación ya desde tiempos de los aborígenes.

El cabrito, ya sea tanto frito como en salsa, asado o estofado, como por ejemplo el baifo (cabrito) asado o embarrado, constituye el plato más característico del recetario insular. También la carne de cabra, menos presente porque es de sabor fuerte y difícil de preparar. Los platos más característicos son el cabrito frito con ajo, la carne de cabra estofada y la carne de baifo al horno con ajo, pimienta negra, orégano, tomillo y laurel.

Otras carnes, como el cerdo (cochino asado y en adobo), el cordero, el conejo o la gallina, quizás no tienen tanta presencia como en otras islas del archipiélago, pero también forman parte del recetario tradicional majorero, con platos como el rancho o el puchero canario. Las típicas *papas arrugás* con el mojo rojo son el acompañamiento indispensable para estos platos de carne.

❚ Pescado

Al contrario que las carnes, el pescado sí suele ser muy solicitado por el visitante que llega a la isla. Naturalmente, hay gran variedad y se prepara de todas las formas posibles: asado, frito, a la plancha, cocido... No es en absoluto difícil hallar en los restaurantes el pescado bien fresco, sobre todo si se pide el "pescado del día". Pero, ¡ojo!, hay pescados muy habituales en los menús, como el lenguado, que casi siempre son congelados.

Los nombres de ciertos pescados pueden resultarle desconocidos, porque muchos de los productos canarios del mar o no son comunes en la península o tienen denominaciones distintas. Tenemos, por ejemplo, la *vieja*, uno de los pescados más comunes y apreciados por los canarios, que suele prepararse *sancochado* (hervido con *papas*), como también suele presentarse el mero. A la plancha o la brasa se sirven otras especies de mayor tamaño, como la salema, la sama roquera (una especie de dorada que se cocina tanto cocida como a la plancha o al horno) o el cherne, este último un pescado muy típicamente canario, omnipresente en los restaurantes insulares (y muy bueno). Precisamente, el tradicional sancocho canario es un potaje elaborado con cherne salado, que se guisa con *papas*, batatas y verduras; previamente a la cocción se remoja el cherne en agua durante un par de horas.

Se suelen servir fritos o asados los chicharros, la morena, las cabrillas, el sargo, el jurel, las samas, los pulpos o las salemas. Y también se consume pescado en salazón: los tollos.

Cabe recordar, finalmente, que el pescado se sirve con mojo verde, mucho menos picante que el mojo rojo, y suele comerse como plato único.

Sobre el marisco, hay que advertir que es muy escaso en todo el archipiélago canario, limitado a unas pocas especies que no son las más habituales o apreciadas en la península. Por tanto, hay que estar muy atentos si en algún restaurante para turistas insisten en ofrecernos marisco fresco de Canarias. De todas formas, sí pueden probarse diversas especies. Las más comunes son las lapas, a las que los majoreros son muy aficionados y que preparan asadas y cubiertas de un salmorejo de ajo y aceite; y también disfrutan de los mejillones y de los camarones (hervidos con abundante sal). Pero poco más en cuanto al marisco.

Postres

Quizás el postre más característico de Fuerteventura es el bienmesabe, una torta hecha a base de almendras que también se elabora en otras islas del archipiélago. De hecho, la escasez de productos autóctonos hace que el capítulo de los postres pueda verse en Fuerteventura como una extensión de los tipismos de las otras islas. Aquí no hay almendras, ni caña de azúcar, ni frutas tropicales... y en cambio la elaboración de postres demuestra una sabiduría de largo recorrido.

Pueden hallarse, por ejemplo, las quesadillas y las rosquitas, la leche asada, la torta vilana o el frangollo hecho a base de huevo, azúcar y cáscaras de limón. Y, desde luego, no puede faltar en Fuerteventura un postre relacionado con su famoso queso: los buñuelos de queso.

Queso

Ya hemos hablado de los quesos majoreros como uno de los elementos más característicos y tradicionales de la isla. Hoy se elaboran bajo el exigente control del Consejo Regulador de la DO Protegida Queso Majorero, que se encarga de controlar la pureza de la leche y de que todo el proceso de elaboración siga los procedimientos tradicionales.

Son quesos de leche de cabra de raza autóctona majorera, grasos, de textura cremosa, de sabor ligeramente ácido y algo picante, y de olor intenso. Según su grado de maduración pueden ser tiernos (de color blanco), semicurados o curados (ligero tono marfil), y se recubre la superficie con gofio o pimentón.

Su elaboración puede ser artesanal o industrial, pero siempre debe obtenerse un queso de forma cilíndrica, de entre 15 a 35 cm de diámetro y entre 6 y 9 cm de altura, que puede pesar entre 1 y 6 kg. El molde tradicional de hojas de palmera trenzada ya no se usa siempre, pero su sustituto moderno suele imitar este dibujo que da al queso majorero una presencia inconfundible.

El cabildo insular edita una *Guía del queso de Fuerteventura* que puede ser muy útil al visitante para conocer donde pueden adquirirse los quesos (se relacionan todas las queserías) y las características específicas de cada uno de ellos.

▮ Restaurantes

ANTIGUA

Caleta de Fuste

El Patio
- ✉ Juan Ramón Soto Morales, 6.
- ☎ 928 547 721.
- 🍽 Precio medio: 35 €.

Un clásico de esta localidad costera de Caleta de Fuste y, sin duda, una de las mejores opciones en el lugar. De amplias dimensiones, su carta abarca desde platos de carne y pescado hasta cocina internacional. Los precios no reflejan el hecho de estar en una zona tan turística.

La Frasquita
- ✉ Sávila. El Castillo.
- ☎ 643 746 634.
- 🍽 Precio medio: 25 €.

Típico y afamado restaurante de cocina marinera en primera línea de playa. Ofrece excelentes pescados frescos: vieja, sargo, cabrilla, mero...

Los Caracolitos
- ✉ Salinas del Carmen, 22.
- ☎ 928 174 242.
- 🍽 Precio medio: 20 €.

Cocina canaria. Magníficas croquetas de pescado y pescados a la plancha, como la vieja a la espalda con papas sancochadas y mojo. Se llena de clientela local por la buena cocina, el precio y el ambiente.

Pozo Negro

Bar Los Pescadores
- ✉ Bahía de Pozo Negro.
- ☎ 928 690 313.
- 🍽 Precio medio: 20 €.

Pescados, paella y arroz caldoso con pescado fresco del día. Bonitas vistas.

BETANCURIA

Betancuria

Casa Santa María
- ✉ Pza. Santa María, 1.
- ☎ 928 878 282.
- 🌐 http://casasantamaria.net
- 🍽 Precio medio: 30-35 €.

Abierto en una antigua casa del siglo XVI magníficamente restaurada. Tiene una espectacular barra de madera, un bello patio interior y las viejas habitaciones de la casa acondicionadas a modo de comedores. Premiado en varias ocasiones como el restaurante más bonito de Fuerteventura. Cocina tradicional y creativa: cabrito al horno con salsa de romero, carne de cabra majorera con papas de la tierra, carne de cochino, *carpaccio*, tartar de salmón...

Valtarajal
- ✉ Roberto Roldán, 23.
- ☎ 679 579 697.
- 🍽 Precio medio: 20-25 €.

Terraza. Buena cocina canaria de corte casero, carnes (conejo, cabra y cabrito) y magníficos postres. Raciones abundantes y también buen servicio.

Don Antonio
- ✉ Vega de Río Palmas.
- ☎ 928 878 757.
- 🌐 https://restaurantedonantonio.net
- 🍽 Precio medio: 35 €.

Típica casa canaria, situada a tan solo 2 km de Betancuria, donde se pueden comer platos propios de la gastronomía de la isla pero con toques creativos y modernos. Bonito patio interior.

LA OLIVA

Caldereta

La Caldereta
- ✉ En la Caldereta.
- ☎ 650 723 730.
- 🍽 Precio medio: 20 €.

La Caldereta es un minúsculo pueblo a mitad de camino entre La Oliva y La Caleta. Especialidades canarias: costillas de cerdo, carne de cabra, garbanzos y pescados. Atentos a los pucheros de los domingos.

Corralejo

La Marquesina
- ✉ Avda. Marítima.
- ☎ 928 535 445.
- 🌐 https://restaurantelamarquesina.es
- 🍽 Precio medio: 25-30 €.

En el paseo marítimo y con terraza a pie de mar. Conocido por su parrillada de pescado fresco del día. También marisco.

La Luna Grill
- ✉ El Pulpo, 2. Avenida Marítima.
- ☎ 928 535 211.
- 🌐 www.hoteldunasclub.es
- 🍽 Precio medio: 25 €.

Grill. Cocina majorera y mediterránea frente al mar. También cuentan con opciones vegetarianas y veganas. Servicio atento.

Bahiazul
- ✉ Bahiazul Resort. Pardelas, 7.
- ☎ 928 854 598.
- 🌐 www.bahiazul.com
- 🍽 Precio medio: 25-30 €.

Clásico de la gastronomía local. Pescado fresco, paellas, marisco (cigalas a la plancha) y una cuidada selección de vinos. También ofrece platos de la cocina tradicional, como

el cabrito al estilo de la abuela. Todas las comidas son autoservicio pero está todo impecable.

Poco Loco

✉ Avenida Arístides Hernández Morán, 11.
☎ 928 536 602.
🖥 http://pocoloco restaurante.com
🍽 Precio medio: 25-30 €.

Pescados, mariscos (langosta a la plancha), arroces… pero, sobre todo, carnes rojas a la parrilla.

El Cotillo

La Marisma

✉ Santiago Hierro.
☎ 928 538 543.
🍽 Precio medio: 30-35 €.

Todo comenzó, tiempo atrás, de la mano de María Hierro, conocida como *Mariquita*, la abuela de los actuales propietarios. Su antiguo restaurante, famoso por su buen hacer en los fogones, ha sido reformado a lo grande para ofrecer magníficos atardeceres desde su terraza en lo alto acompañados de morena frita, pescados, carnes, cherne con mejillones, lapas al mojo verde, parrillada de pescado, etc.

Roque de los Pescadores

✉ La Caleta, 73.
☎ 928 538 713.
🖥 https://elroquede lospescadores.com

Magníficas vistas y excelente cocina marinera. Pescado de primera calidad. Famoso por su sancocho de pescado con gofio escaldado.

Azzurro

✉ Carretera al Faro. Urb. Los Lagos, 1.
☎ 928 175 360.
🖥 www.azzurro.es
🍽 Precio medio: 35-40 €.

Restaurante *chill out* con buena cocina. Ideal para un cóctel y disfrutar de la puesta de sol.

La Vaca Azul

✉ Requena, 9. Muelle Viejo.
☎ 928 538 685.
🍽 Precio medio: 25-30 €.

Con una ubicación espectacular, desde su terraza se disfruta de vistas del mar. Especialidad: pescados frescos con el recetario particular del chef.

Lajares

Los Pinchitos

✉ Coronel González del Hierro, 21.
☎ 928 868 181.
🍽 Precio medio: 15-20 €.

Restaurante tradicional, sencillo pero muy auténtico. Su famoso cabrito frito no decepciona, como tampoco lo hace su estofado de carne de cabra.

Rojo Tomate

✉ La Cancela, 8.
☎ 928 861 513.
🖥 www.rojotomate fuerteventura.com
🍽 Precio medio: 20 €.

Pizza, pasta y mucho más. Un local pequeño pero muy agradable, donde te atienden con simpatía y cocinan con cariño.

La Oliva

Casa Vieja

✉ El Almendrero, 12.
☎ 928 861 987.
🍽 Precio medio: 20-30 €.

Cocina internacional en un local con mucho encanto. Fusión de cocina mediterránea y canaria. Magníficas pastas y carnes: cabrito frito, chuletillas de cordero, solomillo a la brasa con foie… Muy recomendable. Es el restaurante del hotel homónimo.

Villaverde

El Moral

✉ Carretera General, 94.
☎ 928 868 285.
🍽 Precio medio: 20-25 €.

Bonito restaurante abierto en un viejo taller de cerámica. Cocina de raíces canarias pero con un toque de autor, con opciones muy variadas. Magnífico cordero con frutos secos y, de postre, el polvito. Muy buena relación calidad-precio.

Mahoh

✉ Sitio de Juan Bello, s/n.
☎ 661 388 066.
🖥 https://mahoh.com
🍽 Precio medio: 25-30 €.

Restaurante del hotel rural, situado en una atractiva casa tradicional majorera. Excelente gastronomía canaria elaborada con productos de agricultura ecológica, pescados frescos y carnes a la brasa.

El Horno

✉ Calle del Centro, 44.
☎ 928 868 671.
🍽 Precio medio: 20-25 €.

Auténtico a morir. Ambiente y decoración típica rural autóctona. Cocina canaria, asados y carnes a la brasa de calidad. Servicio rápido y amable.

PÁJARA

Ajuy

Cuevas de Ajuy

✉ Gallegada, 2B.
☎ 928 161 720.
🍽 Precio medio: 20-25 €.

Restaurante típico canario junto al mar. Impresionante caldo de pescado de mero, solo por encargo. Deliciosas lapas y chicharros. Perfecto para disfrutar de un vino blanco y pescado fresco frente al mar.

La Jaula de Oro
Bar Restaurante

✉ Avda. de los Barqueros. Playa de Ajuy, s/n.
☎ 928 161 594.

Abre todos los días. Puestas de sol y pescado "encebollao" junto a la playa de Ajuy en su terraza. Puntillas de calamar, croquetas de pescado, dorada fresca frita... Generosas raciones acompañadas de papas arrugadas con ensalada. Buenos vinos, trato familiar y muy agradable.

Jandía

El Caletón

✉ Avda. Viejo Faro. Punta de Jandía.
☎ 928 174 146.
🍽 Precio medio: 20-25 €.

Cocina casera de primera en la punta más austral de la isla, al lado del faro de Punta de Jandía. Mítico restaurante por su caldo de pescado y ambiente parrandero. El caldo, de mero o cherne, se sirve acompañado de escaldón de gofio. Se recomienda llamar con antelación para encargarlo.

Mesón Don Pedro

✉ Apartamentos Palm Garden. Playa de Jandía.
☎ 928 540 045.
🍽 Precio medio: 20-25 €.

Restaurante familiar de cocina canaria e internacional. Platos generosos, pescados frescos y excelentes carnes de cabrito, cabra o chuletón de novillo.

La Lajita

La Falúa

✉ Tajinaste, 11.
☎ 928 343 259.
🍽 Precio medio: 20 €.

Exquisitos platos al alcance de todos, con una presentación, atención, servicio y menú variado. El local es agradable.

Mirador de Sotavento

✉ Cuesta de La Pared, s/n.
☎ 675 754 482.
🍽 Precio medio: 25 €.

Espectaculares vistas y preciosos atardeceres. Famoso por sus arroces y platos de cocina internacional y canaria.

Marabú

✉ Fuente de Hija, 2.
☎ 673 322 313.
🌐 https://e-marabu.com
🍽 Precio medio: 25-40 €.

Prestigioso restaurante de cocina internacional y creativa. Especializado en cordero y cabrito, aunque también sirve buenos platos de pescado fresco.

Morro Jable

La Laja

✉ Avda. Tomás Grau Gurrea, s/n.
☎ 928 542 054.
🍽 Precio medio: 25-30 €.

Restaurante especializado en pescado fresco. Ofrece la oportunidad de comer en una agradable terraza con relajantes vistas a la playa de Jandía.

La Farola del Mar

✉ Avda. del Mar, s/n.
☎ 928 167 166.
💻 www.lafaroladelmar.net
🍽 Precio medio: 20-25 €.

Especializado en carnes y pescados. Romántico y con vistas al mar, discreto. Los viernes paella con música en vivo. Recogido y aislado.

La Cofradía

✉ Muelle Pesquero.
☎ 928 166 447.
🍽 Precio medio: 25-30 €.

Cocina canaria con ingredientes frescos del mar. En el mismo muelle, frente a los barcos. Excelentes pescados y todos los miércoles música en vivo. Hay otra cofradía en el pueblo, no confundir.

Mis Abuelos

✉ Nuestra Señora del Carmen, 4.
☎ 928 166 296.
🍽 Precio medio: 15-20 €.

Situado en el centro de la villa, en una calle peatonal, con terraza. La mejor comida casera a un precio inmejorable. Cabra en salsa, estofado de cerdo y queso frito. También es un buen lugar para comer a base de tapas o raciones. El trato es rápido y agradable.

Pájara

La Fonda

✉ Nuestra Señora de Regla, 23.
☎ 681 145 598.
🍽 Precio medio: 15 €.

Comida casera, paellas y pollos por encargo. Junto a la carretera. Tiene karaoke.

PUERTO DEL ROSARIO

La Ampuyenta

Bar Fidel

✉ La Ampuyenta, 49.
☎ 928 175 250.
🍽 Precio medio: 15-20 €.

Con varias décadas a sus espaldas. Especializado en comidas caseras y carnes de cabra y de cerdo con papas de la tierra.

Los Llanos de la Concepción

Bar García

✉ Los Llanos de la Concepción, 34. Carretera de Betancuria.
☎ 673 051 751.
🍽 Precio medio: 20 €.

Bar familiar con carta de platos canarios. Especializado en carne de cabra, cabrito frito, carne de cochino, la garbanzada y los tollos en salsa.

Los Molinos

Casa Pon
- ✉ Puertito
- 🏠 Los Molinos.
- ☎ 654 931 181.
- 💶 Precio medio: 20 €.

Auténtico restaurante de cocina marinera situado en un pequeño pueblo pesquero. Famoso por sus pescados, las papas arrugadas y el queso frito a la plancha. Rica paella de pescados y mariscos y lapas en temporada. Indispensable.

Puerto del Rosario

Las Naves
- ✉ Pol. Ind. Risco Prieto, calle El Henequen, salida hacia el sur.
- ☎ 928 859 145.
- 💶 Precio medio: 15-20 €.

Cocina tradicional a buen precio y rapidez en el servicio. Delicioso su conejo en salmorejo. Tienen otro local del mismo tipo llamado **Las Otras Naves,** en la salida a Corralejo.

Cangrejo Colorao
- ✉ Juan Ramón Jiménez, 1.
- ☎ 928 858 477.
- 🖥 https://cangrejocolorao. es
- 💶 Precio medio: 20-25 €.

Cocina canaria. Ensalada con tomates de la isla, cebollinos, ajos y queso majorero. Bonito restaurante cerca del mar. Recomendable.

Kabane Origen
- ✉ Prof. Juan Tadeo Cabrera, 27.
- ☎ 928 310 683.
- 💶 Precio medio: 20 €.

Cocina internacional con carnes y pescados frescos del día. Céntrico, con terraza.

TUINEJE

Tarajalejo

El Brasero
- ✉ Ctra. Tarajalejo, s/n.
- ☎ 689 591 385.
- 💶 Precio medio: 20-25 €.

Parrilla, como su nombre indica, que asa pescado fresco, chuletones de ternera, carne de cabra o cabrito.

La Barraca
- ✉ Isidro Díaz, 14.
- ☎ 928 161 089.
- 🖥 www.labarraca fuerteventura.com.
- 💶 Precio medio: 20-25 €.

Excelente cocina canaria a pie de playa. Pescado.

Tuineje

Tío Juan
- ✉ Juan Gopar, 3.
- ☎ 677 763 858.
- 💶 Precio medio: 20 €.

Cocina tradicional canaria con deliciosas carnes a la parrilla y a la brasa: de cabra, cabrito, ternera y cerdo.

▌Tapeo y cafés

BETANCURIA

Betancuria

La Casa del Queso
- ✉ Ctra. de Betancuria a Pájara.
- ☎ 696 699 868.

Ideal para tomar una ración o una tapa de queso (normal, con gofio, pimentón, ahumado, aceite de oliva o semicurado pimentón) con un vaso de vino. Muchas de estas variedades de queso se elaboran en el pueblo y se venden en este bar. Se pueden comprar quesos enteros. Pequeño y auténtico, con buen ambiente.

Bodegón Don Carmelo
- ✉ Alcalde Carmelo Silvera, 4.
- ☎ 637 737 098.

Abierto en una preciosa casa tradicional, una de las más antiguas y bonitas de Betancuria. Con una agradable terraza, es un sitio magnífico para tapear.

LA OLIVA

Corralejo

Land of Freedom
- ✉ Avda. Nuestra Señora del Carmen.
- ☎ 626 220 908.
- 🖥 www.landoffreedom.eu

Un lugar original, alejado del bullicio, con bandejas para degustar tapas, tablas de mar y tierra.

El Cotillo

El Mentidero Café
- ✉ Punta Aguda, 1.
- ☎ 928 538 764.

Este bar es una buena opción para desayunar, con unas tartas caseras deliciosas y zumos naturales.

PÁJARA

Cofete

Cofete
- ✉ Playa de Cofete, s/n.
- ☎ 928 174 243.

Es el único sitio que hay y donde se reúne todo el mundo. Visita obligada.

Morro Jable

Coronado

✉ El Sol, 14.
☎ 828 919 995.
🖥 www.buenacena.com
Restaurante de cocina asiática y mediterránea con un espectacular menú de tapas. Perfecto, también, para un cóctel con música en directo y bellas puestas de sol.

Charly. Casa Mimi

✉ Plazoleta Cirilo Lozez, 1.
☎ 928 175 017.
Bar parrandero que sirve, además, ricos mejillones y calamares a la plancha, una espectacular ensalada de tomates majoreros (muy sabrosos porque se riegan con agua de pozo y tienen muchas sales minerales) y ricas papas arrugás.

PUERTO DEL ROSARIO

Puerto del Rosario

La Cencerra

✉ María Estrada, 67.
☎ 928 530 222, 600 978 455.
Perfecto para tapear. Excelente carne de cabra y delicioso sancocho. Muy auténtico.

Mercadillo de los Jueves

✉ Puerto del Rosario.
Ruta de las tapas a partir de las 12 h.

Tetir

Casa Fausto

✉ Domingo J. Manrique, 14.
☎ 928 947 875.
Auténtico local de comida casera: carne de cochino, garbanzas, quesos, salpicón de atún, etc.

TUINEJE

Las Playitas

Las Playas

✉ P.º Miramar, 18.
☎ 928 870 367.
Frecuentado por locales.

Tiscamanita

Bar Tío Pepe

✉ Tiscamanita.
Junto a la panadería. Nada turístico, auténtico y conocido por sus bocadillos de pata con queso y sus deliciosos tomates majoreros.

Tuineje

Adeyu

✉ Isidro Díaz, 3.
☎ 928 161 085.
Buena comida a buenos precios, pescado fresco a pie de playa...

▮ Compras

De la artesanía local cabe destacar la cestería, la palma y el bordado. De los productos locales: el aloe vera y el queso majorero.

ANTIGUA
Caleta de Fuste

Mercadillo

✉ Junto a la parada de guaguas de Caleta de Fuste
🕐 Martes y sábado de 10 h a 14 h..
Artesanía y complementos.

Mercado artesanal

✉ Plaza Pública de Caleta de Fuste.
🕐 Viernes de 18 h a 22 h.

BETANCURIA
Betancuria

Artesanía Casa Santa María

✉ Plaza de Santa María.
☎ 928 878 036.
🖥 www.casasantamaria.net
En la parte baja de la espectacular casa Santa María. Artesanía tradicional majorera.

LA OLIVA
Corralejo

Mercadillo

✉ Acua Water Park.
🕐 Martes y viernes de 9 h a 14 h.
Artesanía y complementos.

Mercado Canario

✉ C.C. El Campanario.
🕐 Jueves y domingo de 9 h a 14 h.
Productos artesanales y de la tierra.

El Cotillo

Mercadillo Artesanal del Atardecer

✉ Plaza Pública.
🕐 Viernes de 19 h a 22 h.

La Oliva

Mercado de las Tradiciones

- ✉ Casa de los Coroneles. La Oliva.
- 🕐 Martes y viernes de 10 h a 14 h.

Productos artesanales y de la tierra.

Fábrica de Aloe

- ✉ Avda. Tabaibare, 36.

PÁJARA

La Lajita

Mercado agro-artesanal La Lajita

- ✉ Parque Zoológico Oasis Park Fuerteventura.
- 🕐 Domingo de 10 h a 14 h.

Productos ecológicos y artesanales.

Morro Jable

Mercadillo

- ✉ Avda. del Saladar. C.C. Cosmo.
- 🕐 Lunes y jueves de 9 h a 14 h.

PUERTO DEL ROSARIO

Artesanía del Centro de Arte Juan Ismael

- ✉ Almirante Lallermand, 10.
- ☎ 928 878 041.

Artesanía tradicional majorera.

Mercado Agrícola de la Biosfera

- ✉ Estación de Guaguas.
- 🕐 Sábados de 8 h a 14h.

Fantástico mercado de productos agrícolas y artesanales de la isla.

Fuerte Original

- ✉ García Escamez, 28
- ☎ 618 410 487.
- 🔗 https://fuerteoriginal. net

Productos típicos de Fuerteventura, de maestros artesanos y productores locales. Alimentos y artesanía.

Molina de La Asomada

- ☎ 639 752 848.

Venta de gofio artesanal fabricado en molino.

Lajares

Mercadillo

- ✉ Plaza del pueblo, al lado del Centro Cultural.
- 🕐 Sábado de 10 h a 15 h.

Mercado artesanal.

TUINEJE

Gran Tarajal

El Taller del Mar

- ✉ Calle Matías López, 10.
- ☎ 928 162 245.

Bonitas joyas en plata.

Mercado Municipal

- ✉ Plaza Mercado.
- 🕐 De 9 h a 14 h.

Mercadillo

- ✉ Mercado Municipal.
- 🕐 Viernes de 9 h a 14 h.

Productos artesanales y de la tierra.

Tiscamanita

Aloe Vera Exclusive

- ✉ Ctra. Gra. del Sur, km 30.
- ☎ 928 164 240.
- 🔗 https://aloevera exclusive.com

▌Vida nocturna

La principal zona de ocio nocturno de la isla es Corralejo, frecuentada, en su mayoría, por turistas extranjeros. En el resto de la isla, exceptuando el sur, hay otro tipo de noche más autóctona.

LA OLIVA

Corralejo

Waikiki Beach Club

- ✉ Arístides Hernández Morán, 11.
- ☎ 928 535 697.

Es un local todoterreno y legendario, abierto desde 1986. Ofrece unas golosas mesas sobre la arena de la playa, sirve buena comida y por la noche se transforma en uno de los locales más divertidos de Corralejo. Tanto para un roto como para un descosido: desayunar, almorzar, cenar… y por la noche, cócteles tropicales con vistas a la isla de Lobos en su discopub tropical sin complejos.

Rock Café

- ✉ Avda. Nuestra Señora del Carmen. Centro Comercial Plaza.
- ☎ 928 535 636.
- 🔗 www.rockcafe fuerteventura.com
- 🕐 Abre hasta las 2h.

Todos los días los mejores conciertos desde las 22 h. Famoso *show* de *reggae*. Ambiente de rock café con decoración años 50. Ambiente turístico, pero no está mal para disfrutar de las mejores bandas de la isla en directo.

Kactus Café

- ✉ Calle la Iglesia, 16.
- ☎ 693 592 465.
- 🕐 Abierto de 19 h a 2 h.

Tapas y cócteles. Un bar *cool*, con terracita en la

calle peatonal y en la parte alta. Muy recomendable. Un lugar tranquilo en plena calle principal de los restaurantes.

PUERTO DEL ROSARIO

La Farándula

- ✉ Paquita Guerra Rodríguez, s/n.
- 🌐 https://lafarandulapub.com

Un clásico de la noche del Puerto del Rosario. Cogen locales, como el Calle 54, en el puerto, y organizan veladas muy gamberras regadas de excelentes gintonics. Viernes y sábados hasta las 5 h.

La Tierra

- ✉ Eustaquio Gopar, 3.
- ☎ 669 818 319.

Abierto en los años 70 y

tras años cerrado, ha resucitado gracias a su buena música y copas a buen precio.

Terraza del Casino Marssalá

- ✉ Cruz, 2.
- ☎ 677 889 644.

Un lugar recogido y orientado también a las cenas y copas en un ambiente tranquilo.

Heineken Pub

- ✉ León y Castillo, 146.
- ☎ 687 656 940.
- 🕐 De 19 h a 2 h.

Con pantallas de plasma para los partidos de fútbol, billar, dardos, terraza… y para beber: daikiris, mojitos… y trece variedades distintas de cerveza.

La Cuevita DXT

- ✉ León y Castillo, 125.
- ☎ 678 736 060.

Con billares, dardos, pantalla gigante y ambiente familiar. También algo de comer y buenas cervezas.

Lajares

The Return Restobar

- ✉ Los Quemados. Local, 1.
- ☎ 608 774 887.
- 🕐 De martes a sábado de 18 h a 2 h.

Algo escondido. Tienen billar y sirven unas fantásticas hamburguesas.

Canela Café

- ✉ Coronel Latherta González Hierro, 36.
- ☎ 928 861 712.

Local muy agradable, que invita a quedarse un rato apalancado en sus *booths* y donde se come bastante bien: grandes desayunos, *wraps*… La clientela es internacional y gente joven local.

▮ Deportes

DEPORTES DE MAR

Con unas espectaculares playas de arena blanca, un viento inmisericorde y una costa llena de misterios, Fuerteventura es el lugar ideal para la práctica de deportes de agua, sobre todo los de vela. Hay una gran comunidad surfera y todos los veranos se celebra el Campeonato Mundial de Windsurf y Kitesurf en las playas de Jandía.

Kitesurf

Abundan las empresas que ofrecen cursos de kitesurf y alquiler de material por las inmejorables condiciones que ofrece la isla para la práctica de este deporte.

Flag Beach

- ✉ Apartado de Correos, 285. Corralejo.
- ☎ 928 866 389.
- 🌐 https://flagbeach.com

René Egli

- ✉ Hotel Meliá Gorriones, Playa Barca. Costa Calma.
- ☎ 928 547 483.
- 🌐 www.rene-egli.com

Windsurf

Abundan, por las mismas razones, los centros de windsurf para todos los niveles y con alquiler de equipos.

Ventura Surf

- ✉ Avda. Marítima, 54. Corralejo.
- ☎ 928 866 295.
- 🌐 www.ventura-surf.com

Watersports Station Fuerteventura

- ✉ Los Sabandeños, s/n. Costa Calma.
- ☎ 630 400 227.
- 🌐 www.watersports-fuerteventura.com

Surf

Fuerteventura también cuenta con las mejores condiciones para la práctica del surf. En la isla se celebran varios campeonatos y torneos a lo largo del año. En la zona norte y noroeste es donde más se practica.

Fuerteventura Surf School

- ✉ La Galera, 11-1. Corralejo.
- ☎ 633 168 995.
- 🌐 www.fuerteventurasurfschool.com

Kailua Surf School

- ✉ Avda. Grandes Playas, 75. Corralejo.
- ☎ 695 065 957.
- 🖥 www.kailuasurfschool.com/es

Tienen un curioso campamento de surf y yoga.

Piragüa/Kayak

Una forma reposada de conocer el litoral y su fauna marina: delfines, tortugas…

Kayak Fuerteventura

- ✉ Higuerita, 80. La Capellanía. Corralejo.
- ☎ 676 978 099.
- 🖥 www.kayak fuerteventura.com

Buceo

El fondo marino de Fuerteventura ofrece paisajes volcánicos submarinos, arrecifes… y hasta viejas embarcaciones hundidas. Sin olvidar la fauna marina.

Fuerteventura Buceo

- ✉ Avenida del Saladar, s/n. Centro Comercial Cosmo, local 49. Morro Jable.
- ☎ 928 541 418, 622 196 610.
- 🖥 https://fuerteventura buceo.com

Jandía Divers

- ✉ Urb. Las Gaviotas Hotel Iberostar Palace. Morro Jable.
- ☎ 606 174 251.
- 🖥 www.jandia divers.com

Excursiones en catamarán

Catlanza

- ✉ Muelle deportivo de Corralejo.
- ☎ 638 454 539.
- 🖥 www.catlanza.com

Watersports Fuerteventura

- ✉ Los Sabandeños, s/n. Costa Calma.
- ☎ 630 4002 279.
- 🖥 www.watersports-fuerteventura.com

Centro de deportes acuáticos: windsurfing, kiteboarding, surfing, kayak, SUP, excurciones de motos de agua y de snorkel.

Pesca de altura

En Gran Tarajal se celebra anualmente el Open Internacional de Pesca de Altura. Para información:
- 🖥 www.tuineje.es

Barracuda Perdomo

- ✉ Corralejo.
- ☎ 928 979 924 .
- 🖥 www.barracuda fuerteventura.com

Empresa isleña que ofrece paseos en barco, pesca deportiva y avistamiento de cetáceos.

DEPORTES DE TIERRA

Senderismo

Fuerteventura, declarada en su totalidad Reserva de la Biosfera por la Unesco, cuenta con impresionantes desiertos de dunas de arena blanca y muy fina, llanuras volcánicas, valles, parques y monumentos naturales como el Parque Natural de Jandía o el Monumento Natural de Montaña Tindaya… La isla cuenta con pequeños recorridos y senderos locales para descubrirlos, o de gran recorrido como el GR-131, que atraviesa Fuerteventura de norte a sur, desde Corralejo hasta la Punta de Jandía.

Vulcano Trekking

- ✉ Antigua.
- ☎ 608 098 383.
- 🖥 https://vulcanotrekking.com

Visitas guiadas a pie por la isla.

Equitación

Para cabalgar por la costa occidental de la isla:

El Rancho de los Caballos

- ✉ Puerto Nuevo. La Pared.
- ☎ 619 275 389.
- 🖥 www.reiten-fuerte.de

Para montar a caballo rodeados de un paisaje único, a la orilla del mar.

OBSERVACIÓN DE ESTRELLAS

Stars by Night

- ☎ 610 367 063.
- 🖥 https://starsbynight.es

Fuerteventura recibió el certificado de Reserva Starlight de la Unesco en 2015.

▮ Niños

Hay muchas cosas para hacer con niños en Fuerteventura, casi todas relacionadas con el mar y la naturaleza, desde el avistamiento de cetáceos, a excursiones, pero también museos y actividades deportivas de todo tipo y para todos los gustos.

PARQUES ACUÁTICOS

Acua Water Park

✉ Avda. Ntra. Sra. del Carmen, 41. Corralejo.
☎ 928 580 100.
🖥 www.acuawaterpark.com
🎫 Entrada: 29 € adultos, 22 € niños.
🕐 De 10.30 h a 17.30 h.

Un parque acuático es sinónimo de diversión garantizada para los más pequeños y para los mayores también. Acua cuenta con instalaciones renovadas: río rápido, kamikazes, zig-zag, kamikazes infantiles, río lento, zona infantil, piscina de olas…

MUSEOS

Casa Santa María

✉ Plaza Santa María, 1. Betancuria.
☎ 928 878 282.
🖥 http://casasantamaria.net

Casa de campo del siglo XVII con magníficos jardines y un pequeño museo con antiguos útiles de labranza, cine 3D con imágenes de Fuerteventura y temática submarina. También se pueden ver a los artesanos trabajando y hay una pequeña exposición de pájaros del parque natural: herrerillos, petirrojos, zorzales. Con la inmejorable opción de terminar la visita en el suculento restaurante Santa María.

MUNDO ANIMAL

Oasis Wildlife Fuerteventura

✉ Crta. Gral. Jandía, s/n. La Lajita. Pájara.
☎ 928 161 102.
🖥 https://oasiswildlife fuerteventura.com
🕐 De martes a domingo de 9 h a 18 h.

Espectacular jardín botánico con más de 800.000 m^2 de naturaleza y 6.800 especies de plantas de todo el mundo: reptiles, mapaches, lémures, canguros, jirafas, camellos, elefantes, hipopótamos, guepardos, aves exóticas, leones marinos… También es un centro de rescate de fauna y flora.

Puerto Castillo

✉ Puerto deportivo El Castillo. Caleta de Fuste. Antigua.
☎ 928 547 687.
🖥 www.puertocastillo.com

Acuario con espectáculos y actividades para niños, como paseos en barco o nadar con leones marinos.

EMBARCACIONES

Naviera Isla de Lobos

🖥 www.islalobos.es
🎫 Adultos: 16 €. Niños: 10 €.

Excursión a la isla de Lobos desde el puerto de Corralejo. Tramitan los permisos de visita al islote. Además de disfrutar de las playas y calas se puede hacer un recorrido circular a pie para recorrer la isla de Lobos y explorarla.

Alojamiento

ANTIGUA

Antigua

**Hotel Rural
Era de la Corte**

- ✉ La Corte, 1.
- ☎ 689 927 496.
- 🖥 www.eradelacorte.com
- 🛏 Habitación doble: desde 55 €.

Antigua casona rústica de estilo majorero de madera y piedra, de finales del siglo XIX. Situado en un lugar de trilla y junto a un molino de gofio, de ahí su nombre.

**Casa Pilar, Aurora
y Tarabilla**

- ✉ Tenicosquey, 7.
- ☎ 619 046 771.
- 🛏 Vivienda/día: desde 120 €.

Se encuentra en el espacio natural protegido de Malpaís Grande. Finca ecológica con un molino tradicional de agua en el centro de un impresionante paisaje volcánico. Piscina.

Caleta de Fuste

Hotel Elba Palace Golf Boutique***

- ✉ Ctra. de Jandía, km 11 (Urb. Fuerteventura Golf).
- ☎ 928 163 922.
- 🖥 www.hoteleselba.com
- 🛏 Habitación doble: desde 150 €.

Hotel construido al estilo canario, con bellos balcones de madera y un relajante patio interior con palmeras y plantas de la zona.

Elba Carlota Beach & Golf Resort**

- ✉ Avenida de las Marismas, 3.
- ☎ 928 160 326.
- 🖥 www.hoteleselba.com
- 🛏 Habitación doble: desde 135 €.

En primera línea de playa, con acceso directo desde el hotel. Tiene miniclub infantil, el Gran Casino Antigua, piscinas y habitaciones con terraza.

**Elba Lucía
Sport & Suite Hotel****

- ✉ Teniente Coronel José Zerpa Guevara, 8.
- ☎ 928 163 600.
- 🖥 ww.hoteleselba.com
- 🛏 Habitación doble: desde 64 €.

Hotel de grandes dimensiones, pero muy tranquilo y agradable. Su construcción de baja altura (tres plantas), con las habitaciones dispuestas alrededor de la piscina central, y el riguroso cuidado de los aspectos estéticos, contribuyen a crear su acogedora atmósfera. Las habitaciones son en realidad pequeños apartamentos totalmente equipados. Pistas de tenis, gimnasio y pista polideportiva.

Triquivijate

**Hotel Casa Rural
Piedra Blanca Tahona**

- ✉ Cuesta Tío Afonso, 12.
- ☎ 630 660 504.

Casona rural del siglo XVIII reformada respetando la tradición. Con piscina.

BETANCURIA

Playa de Santa Inés

Aguas Verdes

- ✉ Urb. Aguas Verdes. Playa de Santa Inés.
- ☎ 928 878 350.
- 🛏 Habitación doble: desde 88 €.

Pequeño complejo de apartamentos rodeado por el parque rural de Betancuria. Finca con jardines, piscinas y vistas al mar.

LA OLIVA

Corralejo

Secrets Bahía Real Resort & Spa***GL**

- ✉ Avda. Grandes Playas.
- ☎ 911 229 866.
- 🖥 www.hyattinclusive collection.com
- 🛏 Habitación doble: desde 258 €.

Con un completísimo centro de spa y varios restaurantes y bares.

**Hotel Riu Palace
Tres Islas****

- ✉ Avda. Grandes Playas.
- ☎ 928 535 700.
- 🖥 www.riu.com
- 🛏 Habitación doble: desde 185 €.

Es un hotel de gran lujo situado en un extremo de las dunas de Corralejo. Cuenta con un extenso jardín que acoge dos piscinas y diversas instalaciones de ocio.

**Hotel H10 Ocean
Dunas****

- ✉ La Red, 1.
- ☎ 928 535 251.
- 🖥 www.h10hotels.com
- 🛏 Habitación doble: desde 140 €.

Situado junto al Parque Natural de las Dunas de Corralejo. Magníficamente equipado.

**Hotel Riu Oliva
Beach***

- ✉ Avda. Grandes Playas (Corralejo).
- ☎ 928 535 334.
- 🖥 www.riu.com
- 🛏 Habitación doble: desde 130 €.

Emplazado junto a la playa, dispone de piscinas, jacuzzi, terraza-solárium y gimnasio. Cocina internacional, canaria y asiática en sus cuatro restaurantes.

Avanti Lifestyle Hotel****

- ✉ Calle Delfín, 1. Avenida Marítima de Corralejo.
- ☎ 928 867 523.
- 🖥 www.avantilifestyle hotel.com
- 🛏 Habitación doble: desde 135 €.

Un hotel emblemático, reformado con muy buen gusto, en el casco antiguo de Corralejo. El nuevo hotel boutique mezcla lo marinero y el diseño contemporáneo. Solo para adultos. Spa, solárium, bar de copas y terraza en el ático.

La Oliva

Hotel Boutique & Villas Oasis Casa Vieja

- ✉ El Almendrero, 12.
- ☎ 928 535 159, 928 535 259.
- 🖥 www.oasiscasa vieja.com
- 🛏 Habitación doble: desde 75 €. Villa: desde 120 €.

Encantador hotel *boutique* con 10 habitaciones y 12 villas lujosas, de diseño rústico y completamente equipadas, rodeadas de amplias zonas ajardinadas y con piscina. Una maravilla de sitio, reconstruido sobre las ruinas de una antigua casona de principios del siglo xx. Restaurante muy recomendable.

El Roque

Casa Rural El Taro

- ✉ El Roque.
- ☎ 609 451 936.
- 🛏 Habitación doble: desde 60 €.

Una casa antigua, de una sola planta, construida a mediados del siglo xix en El Roque, a un kilómetro de las playas del Cotillo.

Villaverde

Hotel Rural Mahoh

- ✉ Sitio de Juan Bello.
- ☎ 928 868 050, 661 388 066.
- 📱 https://mahoh.com
- 🛏 Habitación doble: desde 90 €.

Bonito hotel de aire rústico abierto en una tradicional casa campesina de piedra volcánica y madera. Cuenta, además, con un fantástico restaurante.

PÁJARA

Costa Calma

H10 Playa Esmeralda****

- ✉ Punta del Roquito, 2.
- ☎ 928 875 353.
- 🖥 www.h10hotels.com
- 🛏 Habitación doble: desde 120 €.

En primera línea de playa, con excelentes vistas al mar.

Hotel Meliá Fuerteventura****

- ✉ Playa Barca.
- ☎ 928 547 025.
- 🖥 www.melia.com
- 🛏 Habitación doble: desde 160 €.

Hotel lujoso pero funcional, totalmente aislado sobre la playa de Sotavento.

Hotel LIVVO Risco del Gato Suites****

- ✉ Sicasumbre, 2 (Costa Calma).
- ☎ 928 547 175.
- 🖥 www.hotelriscodelgato. com
- 🛏 Habitación doble: desde 100 €.

Construcción moderna situada junto a la playa y con instalaciones de primera.

Allsun Hotel Barlovento***

- ✉ Urb. Cañada del Río.
- ☎ 928 547 002.
- 🖥 www.allsun-hotels.es

Hotel con *jacuzzi,* piscina y sauna. También apartamentos.

Apartamentos Servatur Alameda de Jandía**

- ✉ Bentejui, 4 (Solana-Matorral).
- ☎ 928 541 267.
- 🖥 www.servatur.com
- 🛏 Apartamento/2 personas: desde 45 €.

Complejo turístico con servicios de bar, restaurante y cafetería. Dispone de piscina.

Jandía

MUR Hotel Faro Jandía & Spa****

- ✉ Avenida del Saladar, 17.
- ☎ 928 545 035.
- 🖥 www.murhotels.com
- 🛏 Habitación doble: desde 210 €.

Frente a la playa del Matorral, con todas las comodidades y un gran *spa:* Las Caricias.

Morro Jable

Hotel Ifa Altamarena by Lopesan Hotels****

- ✉ Av. del Saladar, 28.
- ☎ 928 540 430.
- 🖥 www.lopesan.com
- 🛏 Habitación doble: desde 150 €.

Hotel confortable, ubicado a pocos minutos de Morro Jable, donde hay una variada oferta de restaurantes, comercios, actividades deportivas y de ocio.

Hotel XQ El Palacete****

- ✉ Acantilado, s/n.
- ☎ 928 542 070.
- 🖥 www.xqelpalacete.com
- 🛏 Habitación doble: desde 250 €.

En la impresionante playa de Jandía. Hotel con cierto encanto y exclusivas habitaciones con vistas al mar.

Hotel Riu Palace Jandía****

- ✉ Playa Jandía.
- ☎ 928 540 370.
- 🖰 www.riu.com
- 🖥 Habitación doble: desde 186 €.

Situado a pie de playa y con excelentes vistas, este complejo hotelero dispone de piscina de agua dulce, *jacuzzi*, terraza-solárium y un centro de salud y belleza en el que ofrecen diversos tratamientos y masajes.

Hotel Occidental Jandía Playa****

- ✉ Sancho Panza, 4. Urb. Playa de Jable.
- ☎ 928 546 000.
- 🖰 www.barcelo.com
- 🖥 Habitación doble: desde 100 €.

Uno de los hoteles más conocidos y apreciados de esta zona sur de la isla.

Pájara

Casa Rural Andresito

- ✉ Calle Malpey, 6.
- ☎ 686 704 003.
- 🖰 www.fuerteventura rural.org

Casa del siglo XIX, con techos de madera y suelos de barro, construida alrededor de un patio y rodeada por un bonito jardín. Decorada con mobiliario antiguo y completamente equipada.

PUERTO DEL ROSARIO

Los Llanos de la Concepción

Casa Rural La Burra

- ✉ Las Majadillas, s/n.
- ☎ 661 185 910.
- 🖰 www.fuerteventura rural.org

Aislada y fuera del casco urbano. Casa pequeña pero acogedora, con jardín, barbacoa y terraza. Wifi.

Puerto del Rosario

Hotel El Mirador de Fuerteventura****

- ✉ Ctra. Playa Blanca, 45.
- ☎ 928 851 757.
- 🖰 www.hotelelmiradorftv. com
- 🖥 Habitación doble: desde 95 €.

Instalado en el que fuera el Parador de Turismo de Fuerteventura, modernizado pero respetando la esencia del emblemático edificio.

Hotel Tamasite**

- ✉ León y Castillo, 9.
- ☎ 928 531 494.
- 🖰 www.hoteltamasite. com
- 🖥 Habitación doble: desde 57 €.

Al lado de la avenida Marítima de Puerto del Rosario.

Hostal Roquemar**

- ✉ Ruperto González Negrín, 1.
- ☎ 928 856 776.
- 🖰 www.hostalroquemar. com

Alojamiento sencillo frente al puerto.

TUINEJE

Tamasite

Casa Rural Tamasite

- ✉ Tamasite, 9.
- ☎ 605 606 135 y 928 164 991.
- 🖰 www.agroturismo lagayria.com

Una casa de 200 años de antigüedad en el casco antiguo. 4 viviendas integradas en una finca de 1000 m² con vistas a la montaña.

Tiscamanita

Agroturismo La Gayria

- ✉ Inmaculada, 9.
- ☎ 928 164 991/ 605 606 135.
- 🖰 www.agroturismo lagayria.com
- 🖥 Vivienda/día: desde 50 €.

Tres casas rurales: **El Yugo**, **El Arado** y **El Injerto**, en una finca de 5.000 m². Gastronomía de primera, quesos y vinos, experiencias de agroturismo con animales y piscinas.

Información práctica

CALENDARIO DE FIESTAS Y EVENTOS

▎Febrero
Carnaval
En La Oliva y Corralejo se festeja la fiesta del Carnaval con actuaciones de artistas canarios. En Puerto del Rosario esta fiesta se alarga durante más de 10 días, con murgas, cabalgatas, fiestas de disfraces y bailes ininterrumpidos. Esta manifestación festiva tiene su punto culminante el miércoles de ceniza y con el entierro de la sardina.

La Candelaria
El 2 de febrero tiene lugar en La Oliva la fiesta de La Candelaria.

▎Junio
Virgen de la Regla
El 2 de junio se celebra en Pájara, con gran fervor, la festividad religiosa de la Virgen de la Regla.

▎Julio
San Buenaventura
El 14 de julio los betancurianos celebran la festividad de San Buenaventura, institucionalizada por Diego de Herrera en 1456, cuando dieron por controlada toda la resistencia de los aborígenes canarios. Se trata, por tanto, de la celebración festiva más antigua de la isla.

Virgen del Carmen
En Morro Jable se celebra el 16 de julio la festividad de la patrona del mar, con el tradicional recorrido de barcas y falúas por el mar de Jandía, en el que los romeros y peregrinos van acompañados de rondallas y grupos folclóricos. Al final acaban todos comiendo cerca de la playa, unos junto a las parrillas de pescados y otros en los ventorrillos ocasionales y en los chiringuitos y ventas de la zona.

▎Agosto
San Bartolomé
El 24 de agosto se celebra en Betancuria esta festividad.

▎Septiembre
Romería de la Virgen de la Peña
El tercer sábado de septiembre son las fiestas en honor a la patrona de la isla, la Virgen de la Peña.

INFORMACIÓN EN INTERNET

www.cabildofuer.es
Página oficial de turismo del Cabildo de Fuerteventura. La mejor para estar al tanto de la agenda de eventos y de la actualidad de la isla, aunque no tanto como web turística.

www.visit fuerteventura.es
Sitio en la red del Patronato de Turismo de Fuerteventura. Para ser oficial, deja un poco que desear, pero puede ser útil para obtener determinada información.

www.adscanarias. com
Completa guía de Fuerteventura en la que puede hallarse información sobre qué hacer, dónde ir, lugares de ocio, alojamientos, servicios, transporte, etc.

www.fuerteventura island.com
Otra completa web sobre la isla. Aquí puede encontrarse información sobre lugares de interés, excursiones y datos prácticos. También permite la reserva directa de alojamientos.

Peregrinos, romeros y visitantes procedentes de toda la isla acuden al santuario de la Virgen de la Peña para rendirle homenaje. El santuario se encuentra en el barranco de la Peña, de ahí su nombre, y en el interior del templo se conserva una preciosa talla de alabastro de la Virgen con el Niño en brazos, expuesta bajo un artesonado de madera.

Octubre

Virgen del Rosario

El primer domingo de octubre tiene lugar la festividad de la Virgen del Rosario, en La Oliva y en Puerto del Rosario, de donde es patrona. En Puerto del Rosario se celebra con toda clase de dispendios y con un extenso programa popular de actividades lúdicas.

TRANSPORTES

❚ Líneas marítimas

Armas Trasmediterránea
- ✉ Puerto del Rosario: Muelle Comercial.
- ☎ 928 851 542.
- ✉ Morro Jable: Área de Puertos, Puerto de Morro Jable.
- ☎ 928 542 113, 928 542 457.
- ✉ Corralejo: Estación Marítima de Corralejo.
- ☎ 928 867 080.
- 🌐 https://armastrasmediterranea.com

Enlace marítimo entre Fuerteventura (Morro Jable) y Las Palmas de Gran Canaria.
Barcos desde Fuerteventura (Puerto del Rosario) a Cádiz, Santa Cruz de Tenerife, Las Palmas de Gran Canaria, La Palma (Santa Cruz de la Palma) y Lanzarote.
Barcos desde Fuerteventura (Corralejo) a Lanzarote.

Líneas marítimas Fred Olsen
- ☎ 922 290 070, 928 290 070.
- 🌐 www.fredolsen.es

Enlace marítimo entre Fuerteventura (Corralejo) y Lanzarote (Playa Blanca), y barcos entre Fuerteventura (Morro Jable) y Gran Canaria (Las Palmas).

❚ Aéreos

Aeropuerto de Fuerteventura
Situado en El Matorral, a 5 km de Puerto del Rosario.
- ✉ Ctra. General de Fuerteventura FV 1.

Aena
- ☎ 913 211 000.
- 🌐 www.aena.es

Fuerteventura tiene conexiones con otras islas del archipiélago y la península, así como con numerosos destinos internacionales.

Aerolíneas:
Binter Canarias: Gran Canaria y Tenerife.
Canarias Airlines: Gran Canaria, La Palma y Tenerife.
Canaryfly: Gran Canaria y Tenerife.

Iberia: Madrid.
Naysa: Gran Canaria y Tenerife.
Ryanair: Barcelona, Madrid, Santiago de Compostela y Sevilla.
Volotea: Asturias (Oviedo).
Vueling: Barcelona, Bilbao, Málaga, Santiago de Compostela y Sevilla.

Del aeropuerto a la ciudad
En el aeropuerto hay una parada de taxis y una parada de autobuses municipales (guaguas). Existen tres líneas de autobuses: la línea 3 conecta el aeropuerto con la capital de la isla (Puerto del Rosario) y con las zonas turísticas de Caleta de Fuste y Las Salinas; la línea 10 conecta el aeropuerto con la capital y con la zona turística de Morro Jable; y la línea 16 conecta el aeropuerto con Puerto del Rosario y con la localidad de Gran Tarajal.
- ☎ 928 855 726 (autobuses).

❚ Alquiler de automóviles

En la terminal de llegadas del aerupouerto están los mostradores de varias compañías de alquiler de coches:
AutoReisen
- 🌐 www.autoreisen.es

Cicar
- 🌐 www.cicar.com

Avis
- 🌐 www.avis.es

Europcar
- 🌐 www.europcar.es

Hertz
- 🌐 www.hertz.es

❚ Transporte terrestre

Las *guaguas* (autobús local) son el medio de transporte más económico para moverse en la isla. Hay combinaciones para llegar a casi todos los pueblos. Si se tiene previsto realizar muchos trayectos, se puede adquirir una tarjeta con descuento que se recarga en las *guaguas*.
Estación de Puerto del Rosario
- ✉ Calle 1 de Mayo, 39.
- ☎ 928 855 726. 🌐 https://tiadhe.com

INFORMACIÓN TURÍSTICA

❚ Puerto del Rosario

**Patronato de Turismo
de Fuerteventura**
✉ Almirante Lallermand, 1.
☎ 928 530 844.
🔗 https://fuerteventuraturismo.es

**Oficina de Información
Turística**
✉ Avda. Reyes de España.
☎ 618 527 668.
🔗 https://turismo-puertodelrosario.org

**Oficina de Información
Turística
en el Aeropuerto**
✉ Aeropuerto de Fuerteventura; terminal
de llegadas.
☎ 928 860 604.
🔗 www.visitfuerteventura.com

❚ Betancuria

**Oficina de Información
Turística**
✉ Juan de Bethencourt, 6. Ayuntamiento.
☎ 928 878 092.
🔗 https://visitbetancuria.com

❚ Caleta de Fuste

Oficina de Turismo
✉ Avda. Alcalde Juan Ramón Soto
Morales, 10.
☎ 928 163 286.
🔗 https://ayto-antigua.es

❚ Corralejo

**Oficina de Información
Turística**
✉ Avda. Maritima, 16.
☎ 928 866 235.
🔗 https://visitcorralejo.com

❚ Gran Tarajal

Oficina de Información Turística
✉ Avda. Paco Hierro.
☎ 696 974 272.
🔗 www.tuineje.es

❚ Pájara. Morro Jable

**Oficina de Información
Turística**
✉ Avenida El Saladar, Centro Comercial
Cosmo, local 81B.
☎ 928 540 776.
🔗 https://visitjandia.es

Índice de lugares